8° Z de Senne
2893 des 1er, 2, 3, 4, 6 et 7 Juillet 1914
HOTEL DROUOT
par le ministère de Me André COUTURIER, Commissaire-Priseur

CATALOGUE
DE
LIVRES ANCIENS
RARES ET PRÉCIEUX

Incunables. Premiers livres imprimés à Paris et en Province

Imprimeries particulières et clandestines

POÈTES FRANÇAIS DES XVIe ET XVIIe SIÈCLES

Auteurs classiques. Corneille, Molière, Racine. — Editions originales

OUVRAGES SUR L'IMPRIMERIE ET LA BIBLIOGRAPHIE

Provenant de la Bibliothèque de feu M. A. CLAUDIN
Libraire-Paléographe
Chevalier de la Légion d'honneur
Auteur de l'Histoire de l'Imprimerie en France.

PARIS
PIERRE LECHANTEUX
Libraire
7, RUE CORNEILLE, VIe (ODÉON)

Vente des 1er, 2, 3, 4, 6 et 7 Juillet 1914
HOTEL DROUOT
par le ministère de Me André COUTURIER, Commissaire-Priseur

CATALOGUE
de
LIVRES ANCIENS
RARES ET PRÉCIEUX

Incunables. Premiers livres imprimés à Paris et en Province

Imprimeries particulières et clandestines

POÈTES FRANÇAIS DES XVIe ET XVIIe SIÈCLES

Auteurs classiques, Corneille, Molière, Racine. — Editions originales

OUVRAGES SUR L'IMPRIMERIE ET LA BIBLIOGRAPHIE

Provenant de la Bibliothèque de feu M. A. CLAUDIN
Libraire-Paléographe
Chevalier de la Légion d'honneur
Auteur de l'Histoire de l'Imprimerie en France.

PARIS
PIERRE LECHANTEUX
Libraire
7, RUE CORNEILLE, VIe (ODÉON)

LA VENTE AURA LIEU EN VERTU D'ORDONNANCE

LES 1er, 2, 3, 4, 6 et 7 JUILLET 1914

à deux heures précises

HOTEL DES COMMISSAIRES-PRISEURS, 9, RUE DROUOT

Salle n° 7, au premier étage

Par le Ministère de M° André COUTURIER, Commissaire-Priseur

56, Rue de la Victoire (IXe)

Assisté de M. Pierre LECHANTEUX, Libraire

7, Rue Corneille (VIe)

et de M. L.-J. SYMES, libraire, 3, Rue des Beaux-Arts

CONDITIONS DE LA VENTE

La vente se fera au comptant.

Les acquéreurs payeront 10 % en sus des enchères.

MM. les Libraires, chargés de la vente, rempliront aux conditions d'usage, les commissions des personnes qui ne pourraient y assister. Ils se réservent la faculté de réunir les numéros, ou, de diviser les ouvrages annoncés sous un même numéro.

EXPOSITION PUBLIQUE

5, Rue Christine

Les VENDREDI 26, SAMEDI 27 et DIMANCHE 28 JUIN 1914, de 4 à 7 h.

Autant qu'il nous a été possible de le faire, nous avons annoncé les défauts existant dans les exemplaires, mais, ayant été dans l'impossibilité de tout voir, les ouvrages seront vendus sans garantie en ce qui concerne les mouillures, cassures, déchirures, taches et piqûres de vers.

SPÉCIMENS DE CARACTÈRES

496. Imprimeurs de Lyon (Fac-similé des impressions des). Plusieurs centaines de pl, photogr. en 35 dossiers in-4, couv. en pap.

G. Balsarın, doss. — Bonino de Boninis, 2 doss. — Pierre Bouteiller, 2 doss. — Cl. Dayne. — Jean Dupré. — Havard et Chaussard, 2 doss. — Pierre Hongre, 2 doss. — Lambillon. — J. de La Fontaine, 2 doss. — Perrin Le Masson, 2 doss. — G. Le Roy. — Maillet. — Mareschal et Chaussart. — R. Philippe et M. Reinhardt, 2 doss. — Sacon, 2 doss. — Schaebler. — Suigo et Benedetti, 2 doss. — Jean Syber, 2 doss. — Jean Treschel. — J. de Vingle, 2 doss. — Wolff, 2 doss. — Mich. Wenssler de Bâle. — Wenssler, Maillet, Ortuin. — Anonymes, 2 doss.

497. Fac-similes des Premières impressions faites dans les Provinces de France, et notes ms. Plusieurs centaines de pl. ou 65 dossiers en 10 cartons, in-4.

Abbeville, Jean Dupré et Pierre Gérard, 1486.
Albi, Jean Numeister, 1480.
Alençon, Lecrosnier, XVIe siècle.
Angers, Jean de La Tour et Morel, 1476.
Angoulême, Jean Chauvin, 1491.
Arles, Atelier anonyme XVIe siècle.
Avignon, Jean Dupré de Lyon 1498. — Jean de Channey, XVIe siècle. — Georges Serre, XVIe s.
Beaumont-les-Tours (Abbaye de). XVIe siècle.
Besançon, Pierre Metlinger, 1487.
Bloise J. Angelier, XVIe siècle.
Bordeaux, Gaspard Philippe, XVIe siècle.
Bouges, Pierre Bouchier, XVIe siècle.
Bréhan Loudéac et Lantenac, Robin Fouquet et J. Crès, XVIe s. (1484).
Caen, Jacques Durandus et Gilles Quijoue, XVe siècle. — Pierre Regnault, Simon Mangeant, XVIe siècle.
Cambrai-Brassart, 1518.
Chablis, Pierre et Guillaume, Le Rouge, 1478-89.
Chambéry, Antoine Neyret, 1484.
Cluni, et Mâcon, Michel Wenssler, 1493.
Châlons-sur-Marne, Arnoul Bocquillon, 1493. — Bally, XV^c s.
Chartres XVe siècle (Notes de M. A. C., 2 fac-simile).
Clermont, Jacques Mareschal, 1523. — Nic. Petit, 1538.
Cuburieu près Morlaix, Atelier particulier, XVIe siècle.
Dijon, Pierre Metlinger, 1490. — Jean des Planches, Pierre Grangier, XVIe siècle.
Dôle, Pierre Metlinger, 1490.
Embrun, Jacques Le Rouge, 1489. — Atelier anonyme XVIe siècle.
Grenoble, Etienne Foret, 1490. — Jean Belot, XVe siècle.
Goupillières, Michel Andrieu, 1491.
Hesdin, Bauldrain Dacquien, 1512.
La Graisse (Abbaye de), Jean de Guerlins, 1513.
Lantenac, Jean Crès, XVe siècle.
Larrivour (Abbaye de), Nic. Paris de Troyes, XVIe siècle, 1547.
Limoges, Jean Berton, 1496.
Longeville, devant Bar, Martin Mourot, 1501.
Mâcon, Michel Wenssler, 1493.
Meaux, Simon de Colines, 1522.
Metz, Jean Colin et Gérard de Villeneuve, 1482.
Montauban, Jean de Guerlins, XVIe siècle.
Montpellier, Jean Gillet, 1595.
Nantes, Etienne Larcher, 1493.
Nancy, J. Jenson, 1572.
Narbonne, Cloître de S. Just. — Atelier anonyme, 1491.
Nevers, Pierre Roussin, 1590.
Nicolas du Port (Saint), P. Jacobi, 1518.
Orléans, Mathieu Vivian, 1490. — Loys Rabier, 1565.
Périgueux, Jean Curant, 1498. 1 dossier et 1 carton.
Perpignan, Jean Rosenbach, 1500.
Poitiers, Atelier du Chanoine de St-Hilaire, 1479.
Provins, Guillaume Tavernier, 1496.
Rouen, Guill. Le Talleur, 1485. — Jeh. Le Bourgeois, 1488. — N. de Harsy, 1487. — Martin Morin, 1491. — P. Olivier, 1500. — R. Goupil, XVIe s., etc. — J. Rauvnell, 1492. — J. Le Forestier, 1490.
Saint-Dié, Gauthier Lud., XVIe s. (1507).
Saint-Denis, Jérôme de Gourmont, 1535.

Saint-Lô, Simon
Salins, Jean Des Prés, 1488.
Sens, François Girault et Jean Savine, Gilles Richebois (XVIe siècle).
Sisteron, Thomas des Cloches, 1513. — Notes supplém. à Sisteron. 1 carton.
Thiers, Robert Massalin, XVIe siècle.
Toul, Pierre Jacobi, 1505.
Toulouse, H. Turner de Bâle, 1470. — H. Mayer, 1484. — Jean Parix, 1479. — J. Faure, XVIe s.
Tours, Atelier anonyme, 1485. — Mathieu Latheron, 1508. — Simon Pourcellet, 1493.
Troyes, Nicolas Lerouge, XVIe siècle. — Jehan Lerouge, 1483. — J. Le Coq, XVIe siècle, etc.
Tréguier, Jean P. (Papiac ?), 1486. — Jehan Calvez, 1499.
Uzès, Jean Dupré, 1493.
Valence, Olivelli, 1496. — Jean Belon, 1512.
Valenciennes, Jehan de Liège, vers 1500.
Vannes, Jean Bourrelier, 1597.
Vendôme, Jean Rousset, XVIe siècle.
Vienne en Dauphiné, J. Solidi, 1478-90. — Nombreux fac-simile. — Lettres a. de M. Harrisse. — Notes de M. A. C. — Pierre Schenck, 1484. — Notes supplém. Ens. 3 cartons.

498. Papier blanc du XVe et du XVIe siècle avec filigranes. 23 spécimens in-fol.

1. *Papier à l'ancre*, empl. dans les 1re impr. à Paris et ailleurs vers 1470, extr. des gardes d'Albertus Magnus De laudibus V. M. fol. impr. avec les car. d'Ulr. Zell, vers 1473. 1 f. pet. in-fol. réglé.
2. *Papier aux armes des Cœur* (Papeterie fondée par Jacq. Cœur). Gardes d'un Turrecremata de Lyon, Philippi, vers 1485, 4 ff. in-4 (Bien conservés sauf un ouvrage avec écritures).
3. *Papier à l'Ecu de France* (les 3 fleurs de lis). Extr. des gardes d'un Albertus Magnus. Cologne, v. 1475, date de 1483 sur un des ff., 3 ff. in-fol.
4. *Main étendue vue de dos* surm. d'une étoile. Rouen, Paris, XVe s., 4 ff. in-4 (Bien conservés).
5. *Papier au P fourchu* surm. d'une rosace empl. à Dijon en 1491, à Bâle, etc. Extr. des gardes de S. Gregorii moralia. Paris, Gering et R., 1495, etc., 21 ff. pet. in-fol. (sauf une très petite piqûre, tous très bien conservés).
6. *Papier Lyonnais* à la roue dentée. Gardes d'un Polyanthea de Lyon. G. Thomas, 1713, 4 f. in-4 (mouillé)
7. *Papier au filigr. S. P.* surmonté d'un cœur et d'une étoile, croix de Lorraine au-dessous. Garde des Ordonnances de Bourgogne. Lyon, 1540, in-4, 34 ff. (Bon état. Cassure à 1 f.).
8. *Papier à la cloche* (De la pratica Serapionis. Lyon, 1525).
9: *Papier du XVe siècle* provenant d'un Terrier de Bellerive, 1428. 20 feuillets, pet. in-fol., port. comme filigr. les unes un Bœuf, les autres une Grappe de raisin ; plus 30 ff. du XVIIIe s. (1734). Ens. 50 feuill. pet. in-fol.
10. *Papier à la Balance* surm. d'une étoile (tiré du Sermon de Rob. de Licio du Typographe à la lettre R.) 2 ff. pet. in-fol. (Petites piqûres).
11. *Papier au monogr. C. et P.* accollées surm. d'une double croix. (Cologne, vers 1490), 16 ff., pet. in-fol. très bien conservés.
12. *Papier à la petite tête de bœuf* surm. d'un Tau. (Strasbourg, etc.), 2 ff. *pet. in-fol.* (Piqué).
13. *Papier à la tête de buffle* avec tige surm. d'une petite rosace, 2 ff. fol. (Piqûres).
14. *Papier au calice*. 1491, 4 ff. fol. (mouillure).
15. *Papier au pot ou aiguière*. 7 ff. pet. in-fol. (Très bien conservés).
16. *Papier à la lettre P. ou D.* accollée d'une autre surm. d'une croix. Fragment.
17. *Papier à la grappe de raisin*, gardes d'un sophologium attrib. aux presses de Veldener de Louvain. 1 f. in-fol.
18. *Papier à l'Oiseau*. Gardes des sermones Leonis Papæ. Venise, 1482, 2 ff. in-fol.
19. *Papier avec filigr. d'une Chapelle* tiré d'un ouvr. Venise. F. de Haibrun, 1472, 1 f. fol., mouillure, cassure.
20. *Papier à la main gantée* surm. d'une étoile, gardes d'un Nestor Vocabiliste Mediolani Scinzeler, 1483, 4 ff. pet. in-fol. (un peu piqué).
21. *Papier italien* 1494. Un gonfalon surmonté d'une croix. 2 feuilles ou 4 ff. gr. in-fol. (sauf un petit trou à peu près intact).
22. *Papier à l'arbalète*. (Impr. du Couv. de S. Jaques de Ripoli à Florence). 1 f. in-fol.
23. *Papier à l'écu* avec barre transversale ondulée. Bologne, 1487.

I. IMPRIMERIE (Arts relatifs à l')

Paléographie. — Ouvrages sur le papier à filigranes. — Gravure sur bois et sur métal, etc.

499. **Wailly** (Natalis de). Eléments de paléographie pour servir à l'étude des documents inédits sur l'histoire de France. Paris, 1838, 2 vol. in-4, avec planches de fac-similés, rel. veau.

500. **Prou** (M.). Manuel de paléographie latine et française du VIe au XVIIe siècle, suivi d'un dict. des abréviations, avec 23 fac-similés en phototypie. 2e édition. Paris, 1892, in-8, 23 pl. br.

On y a joint : Recueil de fac-similés d'écritures du XIIe au XVIIe siècle (manuscrits latins et français) accompagnés de transcriptions. 1892, in-4, 12 planches en carton.

501. **Midoux et Matton.** Etude sur les filigranes des papiers employés en France aux XIVe et XVe siècles, accomp. de 600 dessins lithographiés. Paris, 1868, in-8, 64 pp. et 147 pp., figures, demi-rel., dos et coins de chagr. br., tête dor., n. rog.

On y a joint : **Heitz.** Les Filigranes des papiers contenus dans les incunables de Strasbourg. 1903, in-4, 50 pl., br.

502. **Briquet** (C.-M.). Papiers et filigranes des Archives de Gênes, 1154 à 1700. Avec 593 dessins autographiés. Genève, 1888, gr. in-8, 130 et 148 pp., demi-rel. chag. vert, n. rog.

On a relié à la fin : **Briquet.** Sur les papiers usités en Sicile à l'occasion de deux manuscrits en papier dit de coton. 1892, 16 pp. et 11 pl. de filigranes. (*Lettre ajoutée*).

503. **Briquet** (C.-M.). 5 opusc. en 1 vol. in-8, demi-rel., dos et coins mar. or.

La Légende paléographique du papier de coton. 1884, 18 pp. — Recherches sur les premiers papiers employés en Occident et en Orient du Xe au XVe siècle. 1886, 74 pp. — Le Papier arabe au Moyen âge et sa fabrication. 1888, 29 pp. — De l'Utilité des filigranes du papier et leur signification à propos d'un récent procès. 1888, 14 pp. — De la Valeur des filigranes du papier comme moyen de déterminer l'âge et la provenance de documents non datés. 1892, 13 pp.

504. **Papier** (Six opusc. et extraits sur le), en 1 vol. in-8, demi-rel. maroq. vert, n. rog.

Egger. Le papier dans l'antiquité. S. d., 52 pp. — Le Papyrus, fragment de Pline le naturaliste (*Extrait*). — **Egger.** Sur le prix du papier dans l'antiquité. 22 pp. — Quelques livres imprimés au XVe siècle sur des papiers de différents formats par *Prost.* 1848. (*Extrait*). — Mémoires sur les moulins de la Moselle. — Opinion de Duchesne sur la réclamation de la famille Anisson Duperron contre la vente de la Manufacture de Bruges. 15 pp.

505. **Filigranes des Papiers.** Réunion de 8 broch. en 1 vol. in-8, demi-rel. chagr. vert, non rog.

Fischers. Versuch die Papierzeichen. 1804, 40 pp. et 1 pl. — **Vallet de Viriville.** Filigranes de papier du XVe siècle. 1860, 18 pp. — **Richard.** Filigranes de papier du XIVe siècle. 1888. 19 pp. **Vign.** — **Gras.** Filigranes. rec. dans quelques terriers du Forez. 1873, 6 pp. et fig. — **Desbarreaux-Bernard.** De quelques livres imprimés au XVe siècle, 30 pp. — **Cohendy.** Note sur la papeterie d'Auvergne. 1862, 24 pp. et 4 pl. — **Leblanc.** Variétés historiques et bibliographiques, Auvergne et Velay. 1885, 104 pp. — **Mugnier.** Lettres des Princes de la Maison de Savoie à la ville de Chambéry, 1398 à 1528. 1888, 86 pp. — **Briquet.** Notice sur le recueil de filigranes ou marques des papiers. 1900, 16 pp.

506. **Jansen.** Essai sur l'origine de la gravure en bois et en taille-douce, et sur la connoissance des Estampes des XVe et XVIe siècles. Paris, 1808, 2 vol. avec planches. — **Heinecken.** Idée gén. d'une collection complète d'Estampes avec une dissertation sur l'origine de la gravure et sur les premiers livres d'images. Leipzic, 1771, 1 vol., ens. 3 vol. in-8, veau et demi-rel.

507. **Jansen.** Essai sur les origines de la gravure en bois et en taille-douce des XVe et XVIe siècles. 1808, 2 vol., fig. v. — **Didot.** Hist. de la gravure sur bois, 1863, 1 vol. (2 ex.). Paris, 1808-1863. Ens. 4 vol. in-8, rel.

508. **Duplessis** (G.). Histoire de la gravure en France. Paris, 1861, in-8, 408 pp., demi-rel. chag. orange, tête r., n. rog.

<blockquote>On y a joint : Etude sur Jean Cousin, par Didot. 1872, in-8 br. — Monceaux. Une gravure de Jean Cousin à la date de 1582. 1878, in-4 br. (3 exemplaires).</blockquote>

509. **Dutuit** (Eug.). Manuel de l'amateur d'estampes. Paris, 1884-85, 2 vol. in-4, (tomes 2 et 6), fac-similé, cart., n. rog.

<blockquote>On y a joint l'Album de planches xylographiques reproduites par le procédé Pilinski.</blockquote>

510. **Enlumineurs.** — **Graveurs sur bois**, etc., 8 broch. in-8 et in-12 br.

<blockquote>Durrieu. Un grand enlumineur parisien au XVe siècle : Jacques de Besançon. 1892. — Brunet. Les Heures gothiques impr. à Paris à la fin du XVe siècle. 1864. — Didot. Missel de Jacques Juvénal des Ursins. 1861. — Delteil. Gravure sur bois. 1902. — Renouvier. Des gravures sur bois dans les livres de Simon Vostre. 1862. — Alkan. Les Graveurs de portraits en France, catalogue de la collect. Didot. 1879. — Adam Pilinski et ses travaux, gravures, dessins, etc. 1890. — Les Gravures de 1468, les armoiries de Charles le Téméraire. 1877.</blockquote>

II. IMPRIMERIE

Cartes à jouer. — Xylographies. — Spécimens de caractères d'anciennes presses en général.

511. **Breitkopf.** Versuch den Ursprung der Spielkarten. (Recherches sur l'origine des Cartes à jouer et du papier de fil). Erster Theil. Leipsig, 1784, in-4, 14 pl., cart. (*Première partie seule parue*).

512. **Cartes à jouer xylographiées.** 8 opuscules par Pinchart, Didot, St-Julien, Van der Straeten, Ponthoz, Hochegger, etc., en 1 vol. in-8, pl. de fac-similes, demi-rel. mar. bl.

<blockquote>Recherches s. les cartes à jouer en Belgique, par Pinchart. Brux., 1870, 1 pl. — Notice s. le Speculum humanae salvationis par G. M. Guichard. Paris, 1840. — Dell'origine della stampa in tavole incise, del D. B. de Rossi. Parma, 1811, 12 p. avec une trad. ms. de l'époque en français. — Uber die Enstehung der Blockbucher, mit Rucksich auf den Liber Regum von Hochegger. Leipzig, 1891, 2 pl. — Des Apocalypses figurées, par A. F. Didot. Paris, 1870. — Les neuf Preux, gravure s. bois du comm. du XVe siècle, fragments de l'Hôtel de ville de Metz (par Van der Straeten-Ponthoz). Pau, 1864. — Die xylographische Bucher eines in Breslau befind. gew. Bandes (Almanach) vom Sotzmann. Leipzig, 1842, 1 pl. — Die xylographa der Kon. Staats. Bibl. sowie der K. Univeratats Bibliothek in Munchen. Leipzig, 1841. 2 pl. — L'imprimerie en Chine au VIe siècle, par St-Julien. (1847), 10 pag.</blockquote>

513. **Sotheby** (Samuel Leigh). Principia typographica. The block-books, or xylographic delineations of scripture history, issued in Holland, Flanders and Germany during the fifteenth century, etc., etc. London, 1858, 3 vol. in-4, avec nombr. planches, demi-rel., dos et coins de chag. rouge, non rog.

514. **British Museum** (Fac-similes from early printed books in the) selected pages from representative specimens of the early printed books of Germany, Italy, France, Holland and England, exhibited in the king's library. London, 1897, in-4, 8 pp. texte et 32 pl. de fac-similes en carton.

515. **Geffchen.** Der Bildercatechismus des XV Jahr. I. Die Zehn Gebote. (Les 10 commandements). Leipzig, 1855, in-4, 12 pl. fac.-sim., demi-rel. mar. bl., éb.

516. **Ars Bene Moriendi.** Reproduction photogr. de l'édition xylographique du XVe siècle. Notice par B. Pifteau. Paris, s. d. (vers 1877), in-4, pap. de Holl., br. (2 ex.).

517. **Wildringe** (T.). The Dance of death in painting and in print. London, 1887, in-4, 37 pp., figures, cart.

XYLOGRAPHIES. — ORIGINE DE L'IMPRIMERIE

518. **Sommer** (Oskar). The kalender of shepherdes, the edition of Paris 1503, in photographic fac-simile, a faithful reprint of R. Pynson's edition of London, 1506, edited with a crit. introduction and glossary. LONDON, 1892, 3 tom. en 1 vol. in-8, fac-simile, cart., n. rog. (*Only 300 copies*).

519. **Weigel.** Catalogue des premières productions de l'art d'imprimer de T.-O. Weigel. LEIPZIG, 1872, nombr. fac-s. (*Prix d'adjud.*). 1 vol. — Beschr. Catalog. des Bibliographischen Museums von H. Klemm. Dresden, 1884, 1 vol. — Ens. 2 vol. in-8, nombr. fac-sim., demi-rel. mar. r., non rog.

520. **Monumenta Germaniæ et Italiæ** typographica Deutsche und italianische Inkunabeln in getreuen Nachbildungen herausg. von Der Direction der Reichsdruckerei Auswahl und Text von K. Burger. BERLIN, 1892-1904 200 Tafeln, in-fol. en 7 cartons.

521. **Type fac-simile society,** publications of the society for the year. 1900-1901-1902-1903 1904. OXFORD, 5 fasc. in-4, avec de nombreux fac-similes, en ff.

522. **Haebler** (K.). Typenrepertorium der Wiegendrucke. Abt. I. Deutschland und seine Nachbarlander. HALLE, 1905, in-8, 293 pp., br. (2 ex.).

523. **Roth. Scholtzius.** Thesaurus symbolorum ac Emblematum i. e. insignia Bibliopolarum et Typographorum, etc. NORIMBERGÆ ET ALTORFII, 1730, in-fol., pl. grav., br. (*Sectio I*).

> Recueil très important de marques d'imprimeurs et de libraires et le plus ancien qui existe. T. Ier seul.

III. ORIGINES DE L'IMPRIMERIE (Gutenberg, Schœffer, Coster, etc.).

524. **Marchand** (P.). Histoire de l'origine et des premiers progrès de l'Imprimerie. LA HAYE, 1740 ; 2 part. en 1 vol., front gravé. — Supplément à l'histoire de l'Imprimerie ou additions, par Mercier de Saint-Léger. PARIS, 1775, 1 vol., ens. 2 vol. in-4, front. T. 1., rel. en vél., le T. II, demi-rel. chagr. r., non rog.

> Le T. Ier a appartenu à Mercier de S. Léger et à Silvestre qui y ont ajouté de nombreuses notes en vue d'une nouvelle édition. — Le T. IIe (supplément) est annoté par Née de la Rochelle.

525 *a*. Le même ouvrage avec le supplément. 1740-75, 2 vol. in-4, front., cart. non rog. (*Exemplaire de Cayrol annoté peut-être par lui*).

525 *b*. Le même ouvrage, avec le suppl. 1740-75, 2 vol. in-4, front. gr., veau fauve (*Exemplaire annoté par le P. Laire*).

525 *c*. Le même ouvrage. 2 vol. in-4, front. gr., demi-rel. v. ant., non rog. (*Nombreuses annotations mss. de l'époque*).

525 *d*. Le même ouvrage avec le suppl. 1740-75. 3 tom. en 1 vol. in-4, rel. (*Quatre exemplaires complets*).

526. **Palmer** (S.). The. gen. history of printing, from its first invention in the city of Mentz, to its first progress and propagation thro' the most celebr. cities in Europe. LONDON, 1732, in-4, veau fauve. On y a joint :

A Concise history of the origin and progress of printing ; with instructions to the trade in general. LONDON, 1770, in-8, 506 pp., chag. brun quadrillé à fr.

527. **Hirschius** (C.-Chr.). Librorum ab anno I. usque ad annum L. sec. XVI. typis exscriptorum ex libraria quadam supell. Norinbergæ collecta millenarius I et II. NORIMBERGÆ, etc., 1740, in-4, demi-rel. vélin. On y a joint :

Origine Typographiæ (Primaria Quaedam documenta de) (8 thèses par Munch, Schaubert, Negelein, etc.). ALTORFII, 1740, in-4, pl. de fac-simile, demi-rel. — G. von Mur. (Notes sur l'imprimerie à Nuremberg au XVe siècle en allem.) 1778, in-8 rel.

528. **Schoepflini** (Dan.). Vindiciæ typographiæ. ARGENTORATI, 1760, 1 vol., 7 pl. de fac-similés (3 ex). — Commentationes historicæ et criticæ. Dan. Schoepflini. BASILEAE, 1740 ; 1 vol. Ens. 4 vol. in-4, rel.

529. **Lichtenberger** (Frid.). Initia typographica. ARGENTORATI, 1811, (2 ex.). — **Steingenberger** : Literarische Abhandlung, etc. MUNCHEN, 1787, 2 ouvr. en 1 vol. in-4, demi-rel. v. (*On y a joint* 1 *exemplaire du premier ouvrage br.*).

530. **Origines de l'Imprimerie.** 8 vol. in-8, br.

    Meerman. Invention de l'imprimerie. 1809 (2 *exempl.*). — **Momoro.** Traité de l'imprimerie, avec 36 pl. S. d. — **Fournier.** Observations sur l'ouvr. intitulé : Vindiciæ typographicæ. 1760. — **Daunou** : Origines de l'imprimerie *Didot.* Progrès de l'impr., 1784. — **Paeille.** Essai sur l'invention de l'imprimerie. 1859. — Etc.

531. **Imprimerie** (Histoire de l'), par **Daunou**, an XI, 1 vol. — Idem, par **Meerman**. 1809, 1 vol. — Idem, par **Ternaux-Compans.** 1843, 1 vol. — Idem, par **Didot.** 1852, 1 vol. — Idem, par **Lichtenberger.** 1825. Ens. 5 vol. in-8, rel. *On y a joint* :

    Dupont (Paul). Histoire de l'imprimerie. PARIS, 1854, 2 vol. gr. in-8, texte encad., br., couv.

532. **Ottley** (W.-Y.). An inquiry concerning the invention of printing, in which the systems of Meerman, Heinecken, Santander, and Koning are reviewed ; incl. also notices of the early use of wood engraving in Europe, the block-books, etc. LONDON, 1863, in-4, fig., XLII et 377 pp., 37 pl., demi-rel.

    Illustrated with thirty-seven plates and numerous wood engravings.

533. **Humphreys** (N.). A History of the art of printing, from its invention to its widespread development in the middle of the 16 th. Century, prec. by a short account of the origin of the Alphabet. LONDON, 1867, in-4, fig., rel. toile, n. rog.

    With one hundred illustrations produced in photo-lithography.

534. **Hawkins.** First printed books of the XVth century (sans titre). *S. l. n. d.*, in-4, 119 pp., facs-similes, demi-rel. chag. brun, n. rog.

535. **Skeen** (W.). Early typography. COLOMBO, 1872, in-8, 424 pp., rel. toile.

536. **Falkenstein.** Geschichte der Buchdruckerkunst in ihrer Entstehung und Ausbildung. LEIPSIG, 1859, in-4, portr., nombr. fac-similes, fig. sur bois, demi-rel. toile. (2 *ex.*).

    Histoire de l'imprimerie et de son origine dans tous les pays.

537. **Linde** (Ant. von der). Geschichte der Erfindung der Buchdruckerkunst. BERLIN, 1886, 3 vol. in-4, fig. et vign., brochés, couv.

538. **Imprimerie.** 4 vol. in-8, rel.

    Koning. Dissertation sur l'origine de l'impr. 1819. — **Daunou.** Analyse des opinions div. sur l'origine de l'impr., an XI. — **Mallinkrot.** De Ortu ac progressu artis typographicæ, etc., 1640. — **Paeille.** Essai histor. et crit. sur l'inv. de l'impr. 1859, avec fac-similés.

539. **Imprimerie : Laborde** (De). Nouvelles recherches sur l'origine de l'Imprimerie à MAYENCE et à BAMBERG. 1840. (10 pl. fac-similés. *Tiré à petit nombre*). — **Gando.** Observations sur le traité histor. et crit. de Fournier sur l'origine et les progrès des caractères de fonte, pour impr. de la Musique. BERNE, 1766. — **Bapst.** Imprimerie et reliure, *s. d.* (figures). — **Chamerot.** L'Imprimerie. 1897. — **Quantin.** Les origines de l'Imprimerie. 1877. — Ensemble 5 ouvr. in-4, figures, br.

540. **Origines de l'Imprimerie,** par Schwab, Wetter, etc. (en allemand), 3 ouvr. en 5 vol. in-8, rel. et br.

    Die Geschichte der Erfindung der Buchdruckerkunst durch Gutenberg. MAINZ, 1830, 3 vol. in-8, portr., cart. — Le même ouvrage. T. I et II. — Vertheilung des Werkes von Schaab., von J. Scheltema. AMST., 1383, in-8, br. — Krit. Geschichte der Erfindung der Buchdruckerkunst von Wetter. MAIN, 1836, in-8, br.

541. **Imprimerie** (Mélanges sur l'). Réunion de 12 broch. en 1 vol. in-8, dem.-rel. chag. brun, n. rog. (*Lettre ajoutée*).

De Typographia, disputabunt publ. praeses **Schrœdterus**. resp. J. F. Kunad. 1697. — Lettre sur l'origine de l'impr. (par Baer) 1761. — Notes sur l'impr. par **Hurard St-Désiré**, an XIII. — **Bernhart**. Der Buchdruckerkunst. 1807. — Typographicae oder die Buchdruckerkunst. Essen, 1823. — Considérations sur les origines typographiques par **Frère** 1850. — Les Inventeurs de l'impr. en Allemagne, par **Vallet de Viriville**. 1848. — Origines de l'impr. par **Pagan-Dumoulin**, 1840. — Note sur l'origine de la typographie par **Danet**. 1884. — L'origine Tedesca e l'origine Olandese della stampa da **Castellani**. 1889. — Laurent Coster, par **Renouard**, 1838. — **Deville**. Examen d'un passage de Pline rel. à une invention de Varron, 1848;

542. **Fischer**. Essai sur les monumens typographiques de Jean Gutenberg, inventeur de l'Imprimerie. MAYENCE, L'AN 10, in-4, front. gr., port. br.

C'est dans ce volume qu'on trouve le procès au long de Gutenberg, avec la traduction en français.

543. **Fischer**. Beschreibung einiger typograph. Seltenheiten der Buchdruckerkunst (Description de quelques raretés typographiques, etc). MAINZ, 1800, 4 part. en 1 vol., 3 pl. de fac-simile, demi-rel. dos et coins de mar. r., tête dor., non rog. (*Belz-Niédrée*).

544. **Claudin** (A.). Un nouveau document sur Gutenberg, témoignage d'Ulric Gering, le premier imprimeur parisien. S. d., gr. in-8, 4 pp., pap. de Holl. (*Tirage à part*).

Six exemplaires brochés.

545. **Ziatzko**. Beitrage zur Gutenbergfrage. BERLIN, 1889, in-8, 8 pl., fac-sim., demi-rel. mar. bleu, éb.

546. **Gutenberg**. 3 ouvr. in-8 et in-12, rel. et br.

Née de la Rochelle. Eloge de Gutenberg. PARIS, 1811, in-8, br. — Gutenberg, par **Lamartine**. PARIS, 1853, in-12, cart. — **Helbig**. Notes et dissertation rel. à l'histoire de l'imprimerie. BRUX., s. d. — Additions et corrections (et nouv. additions) aux listes chronol. des anc. impressions de Mayence GAND, 1840. (*Tiré à 36 ex.*), etc. en 1 vol. in-8, demi-rel. mar. v.

547. **Gutenberg** (Ouvrages divers sur). 18 opusc. en 7 vol. in-8, rel., les 2 dern. br.

Fischer, an X. — **Hartwig**, 1900. — Née de la Rochelle, 1811. — Jacob, 1847. — Maur, 1858. — Oberlin, 1801. — **Schulz**, 1840. — Schmidt, 1841. — Delécluze-Bernard, 1853. — Roth, 1886. — Sieber, 1887. — Villiers, 1878. — Mohr, 1882. — Cloots, 1792. — Winaricky, 1847. — Stuckrad, 1847. — Linde, 1878. — Lamartine, 1853.

548. **Gutenberg**. 35 Tafeln zu Beiheft 23 zum Centralblatt fur Bibliothekswesen Festschrift zum fünfhundertjährigen Geburtstage von Joh. Gutenberg. LEIPZIG, s. d., in-4, en ff. On y a joint :

Krit. Geschichte der Erfindung der Buchdruckerkunst durch Joh. Gutenberg, von **Wetter**. MAINZ 1836, in-8, rel. — Die Erfindung der Buchdruckerkunst. LEIPZIG, 1840, in-8. — **Mentelius**. De vera typographiae origine. 1650, in-4, rel. (3 ex.). — Till minne af Johan **Gutenberg**, vid Sekular Festin, 5 juli 1840. STOCKHOLM, 1840, in-4, rel. — **Claudin**. Nouv. documents sur Gutenberg (extrait), in-4, br. — **Leriche**. Les Etapes de Gutenberg. 1890, in-4, rel. — Gutenberg, par **Dingelstedt**. GENÈVE, 1858, in-4, br. — Gutenberg, von den Zöglingen. STRASBOURG, 1840.

549. **Pierre Schœffer**. 9 opuscules, par L. Delisle, A. Lange, Helbig, Roth, etc. en 1 vol. in-8, pl. de facs., demi-rel., mar bl., et 1 vol. broch.

P. Schöffer v. Gernsheim, von A. Lange. LEIPZIG, 1864, 2 pl. — Guia da exposiçao perm. da Bibl. nacional (cont. la description de la Bible de Mayence, 1462, vendue à Guillaume de Tourneville, archiprêtre d'Angers, en 1470, par **Hermannus de Alemania**). RIO-DE-JANEIRO, 1885. — Une ancienne impression de P. Scheffer, les scribes ou copistes après l'invention de l'Imprimerie (par Helbig). S l. (*Tir. à part du Messager de Brux.*). — Schöffer, von K. Dahl. WIESBADEN, 1814. — Prospectus de Schöffer, édit de Mayence, documents nouv. (Extrait du Central-Blatt). LEIPZIG, 1885. — Deux notes s. les impressions du XVe s. (Voyages de Schoyfer à Paris), par L. Delisle. 1888. — Les dernières impressions de Pierre Schœffer (par Helbig). BRUX., s. d. — Notice sur les descendants de PP. Schœffer qui exerçaient l'imprimerie à Bois-le-Duc, par Helbig. GAND, 1846. — Die Mainzer-Buchdrucker Familie Schœffer, von Roth. LEIPZIG, 1892. — Dahl P. Schœffer. 1814, etc.

IV. ORIGINES DE L'IMPRIMERIE EN FRANCE

Spécimens de caractères des premières impressions françaises. — Marques typographiques. — Histoire de l'Imprimerie en France.

550. **Fournier.** Manuel typographique, utile aux gens de lettres, et à ceux qui exercent les diff. parties de l'art de l'imprimerie. Paris, 1764, 2 vol., portr. et 2 front., br. — Les Caractères de l'Imprimerie. Paris, 1764, in-12, br., non rog. — Traité de la Typographie. Paris, 1825, in-8, br. — Ens. 4 vol.

551. **Fertel** (Martin). La Science pratique de l'Imprimerie contenant des instructions très faciles pour se perfectionner dans cet art.... Saint-Omer, 1723, in-4, planches, veau. *On y a joint*:

    Bertrand-Quinquet. L'art de l'imprimeur. Paris, an VIII, in-4, 288 pp. et 10 planches, rel. bas. — **Imprimerie.** — Crapelet. Etudes prat. et litt. sur la typographie 2 parties en 1 vol. 1837.

552. **Imprimerie** (typographie). 10 vol. in-8 et in-12, br. et rel.

    Osmont. D^{re} typographique. 1768, 2 vol. (2 exempl.). — **Vinçard.** L'Art typographique. 1806, 1 vol. — **Estienne.** Plainte de la typogr. contre certains impr. ignorans. 1785, 1 vol. — **Daupley-Gouverneur.** Le compositeur et correct. typogr. 1880, 1 vol. — **Momoro.** Manuel des impositions typographiques. 1789, 1 vol. — **Lefèvre.** Guide pratique du compositeur d'imprimerie. 1880, 2 vol. in-8, rel.

553. **Imprimerie.** 5 vol. in-4 et in-8, br. et rel.

    Camus. Histoire et procédés du polytypage An X, in-8 (3 *exempl.*). — **Didot.** Essai sur la typographie. 1851, avec 5 pl. rel. — **Chamerot.** L'Imprimerie. 1897 (*Envoi*).

554. **Imprimerie** (typographique). 9 vol. ou broch. in-8, br.

    Lefèvre. Guide du compositeur. 1872, 1 vol. — **Desormes.** Notions de typographie. 1888. — **Claye** De la question des compositeurs. 1861. — **Boutmy.** Les Typographes parisiens. 1874. — **Pelletier** La typogr. 1832. — **Didot.** Essai sur la typographie. 1832. — **Bernard.** Archéologie typographique 1853. — **Fournier.** Traité de typographie 1870 (2 exempl.).

555. **Thierry-Poux.** Premiers monuments de l'imprimerie en France au XVe siècle. Paris, 1890, in-fol., 24 pages de texte et 40 planches en carton.

556. **Alphabets de caractères d'imprimeurs de Paris et des Provinces.** Env. 180 décalques tant vérifiées que non corrigées, en feuilles, dans un carton, chagr. v., comp.

    (*Voir pour les caractères des Imprimeurs de Paris, de Lyon et des villes de Provinces les séries qui les concernent.* N°s 574, 600, 601).

557. **Prunaire** (Al.). Les plus beaux types de lettres d'après les maîtres de l'art, avec avant-propos par Cl. Popelin. Paris, 1895, in-4, 23 pp. et 80 pl. en carton.

558. **Imprimerie** (Spécimens de caractères d'). 12 vol. in-4, in-8 et in-12, rel. et br.

    Spécimens des nouv. caractères de la fonderie de *Didot.* 1819, avec suppl. — Album fonderie de G. *Mayeur.* 1900. — *Cercle de la Librairie.* Exposition 1880. — Spécimen caractères de la *Biblioth. Elzévirienne.* 1856. — Fonderie Warnery, Turlot, etc., etc.

559. **Silvestre** (M.-L.-C.). Marques typographiques, ou recueil des monogrammes, chiffres, enseignes, emblèmes, devises, rébus et fleurons des libraires et imprimeurs qui ont exercé en France, depuis l'introduction de l'imprimerie en 1470, jusqu'à la fin du XVIe siècle... Paris, 1867, in-8, VIII et 766 pp., demi-rel. chag. vert, n. rog.

    Nombreuses marques gravées sur bois. 2 lettres ajoutées. Quelques notes à l'encre.

560. **Delalain** (M.-P.). Inventaire des marques d'imprimeurs et de libraires de la collection du Cercle de la Librairie, deuxième édition. Paris, 1892, gr. in-8, XXVIII et 357 pp., demi-rel. chag. bleu, n. rog.

    Exemplaire en *papier de Hollande.* Envoi d'auteur.

561. **Delalain** (Paul). Inventaire des marques d'imprimeurs et de libraires (de la bibliothèque technique du Cercle de la Librairie). Paris, 1886-88, 3 part. en 1 vol. gr. in-8, demi-rel. maroq. bleu, n. rog.

<small>Exemplaire sur *papier du Japon*. Lettres de l'auteur ajoutées.</small>

562. **Lacaille** (J. de). Histoire de l'Imprimerie et de la Librairie, où l'on voit son origine et son progrès, jusqu'en 1689. Paris, 1689, in-4, maroq. vert jans., dent. int., tr. jasp.

<small>Précieux exemplaire interfolié de papier blanc contenant de nombreuses annotations manuscrites, par Mercier de St-Léger. Titres de livres ajoutés.</small>

<small>562 a. **Lacaille**. Le même ouvrage, même édition, in-4, v. gr.
Exemplaire avec les notes de La Monnoye copiées sur son exemplaire et de plus considérablement augmentées par Née de La Rochelle. Acquis à la vente Merlin (*A. C.*).</small>

<small>562 b. **Lacaille**. Le même ouvrage, même édition, in-4, v. br.
Exemplaire annoté par Silvestre légué par lui à son ami Merlin et acquis par moi à la vente de ce dernier. (*A. C.*)</small>

<small>562 c. **Lacaille**. Le même ouvrage, in-4, v. br.
Exemplaire avec des notes de Babeau de La Bruyère, l'un des éditeurs de la Bibliothèque hist. de la France du P. Lelong. — Aussi une note ms. de Peignot (*A. C.*).</small>

<small>562 d. — Le même, avec des notes autographes de Taillandier et Daunou. In-4, v. br.</small>

<small>562 e. — Le même, in-4, demi-rel. v. Exemplaire avec des notes mss. a. de H. Guérin, qui y a intercalé plusieurs pièces curieuses (dont Liste chronolog. des Libraires et Imprimeurs, 1748).</small>

563. **Claudin** (A.). Les Travaux sur l'histoire de l'imprimerie. Paris, 1899, in-8, 22 pp., br.

564. **Claudin** (A.). Private printing in France during the fifteenth century. *S. l. n. d.* (extrait), in-4, 27 pp., br. (4 *ex. Tiré à* 25 *ex.*).

565. **Claudin** (A.). Les Imprimeries particulières en France au XVe siècle. Paris, 1897, in-8, 30 pp., br. (25 *ex. Tiré à* 100 *ex.*).

566. **Claudin** (Anatole). Histoire de l'imprimerie en France au XVe et au XVIe siècle. Paris, *Imprimerie Nationale*, 1900-1904, 3 vol. in-fol., fac-simile et planches en couleurs, en cartons. (*Ajoutées : Plusieurs liasses des épreuves avec fac-simile*).

<small>On y a joint le tome 4 (pages 1 à 384) en deuxième épreuve datée de 1905-1906.</small>

567. **Christian**. Débuts de l'imprimerie en France. *L'Imp. Nationale*, 1904, 1 vol. pap. du Japon. (Envoi d'auteur). — Origines de l'impr. en France, conférences faites les 25 juillet et 17 août 1900. (4 ex.). Paris, 1900-1904. Ens. 5 vol. in-4, fac-similes, br.

568. **Madden** (P.-J.-A.). Lettres d'un bibliographe sur l'origine de l'imprimerie. Versailles et Paris, 1868-86, 6 vol. in-8, pl. et fac-simile, br.

<small>568 bis Le même ouvrage, 6 tomes en 4 vol. in-8, demi-rel. chagr. br., n. rog., couv. Le tome V est broché.</small>

569. **Imprimerie** (Histoire de l'). 4 vol. in-8 et in-12 br.

<small>**Merman**. De l'Invention de l'impr. 1809. — **Bernard**. Geofroy Tory, peintre et graveur, 1865. — **Pacille**. Essai sur l'invention de l'imprimerie, 1859. — **Porthmann**. Essai hist. sur l'imprimerie, 1810.</small>

570 **Imprimerie**: Crapelet. Des Progrès de l'imprimerie en France, 1836, 2 parties. — **Robert Estienne**, impr. royal. 1839, en 1 vol. — **Lambinet**. Origine de l'imprimerie. 1810, 2 vol. — **Delandine**. Hist. abrég. de l'imprimerie. *S. d.* — Bibliothèque hist. des historiens de Lyon. *S. d.* (1815), par Delandine. — Société des Sciences et belles-lettres de Macon. 1826. (Ouvr. impr. offerts à la société), en 1 vol. — **Seiz**. Annus tertius saecu'aris inventæ artis typographicæ. 1742 (figures), 1 vol. — **Thiboust**. L'Excellence de l'imprimerie. 1754, 1 vol. Paris. 1754-1836. — Ensemble 7 vol. in-8, rel.

571. **Imprimerie.** 6 vol. ou broch., in-8, br.

> **Mellottée.** Hist. économ. de l'imprimerie. Tome I, impr. sous l'ancien régime, 1905. — **(Pluquet).** Lettre à un ami conc. la librairie, 1777. — **Boxornius.** De Typographicae artis inventione, 1640. — **Eruditissimis** regiae scientiarum academiae sociis ut in suam Soc. Artem typorum. cooptent (auct. Thiboust). fig. — S. d. — **Westreenen.** Rapport relatif à l'invention de l'impr. stéréotype, 1833. — Catalogue d'une collect. de spécimens d'impressions du XVᵉ et du XVIᵉ siècles composant l'histoire de l'imprimerie 1892.

572. **Histoire de l'Imprimerie.** 14 vol. et br. in-8 et in-12.

> **Lacroix** et **Séré.** Histoire de l'imprimerie. S. d., fig. — Les Armes des imprimeurs, avec 2 pl. de blasons en couleurs. S. l. n. d. (*sans titre*), gr. in-8, 36 et 20 pp., demi-rel. — L'Imprimerie hors d'Europe, par un Bibliophile. 1903. — **Morin.** Apprentis impr. au temps passé. — Police des compagnons impr. sous l'ancien régime. 1898. — **Porthmann.** Essai sur l'imprimerie. 1810. — **Boudet.** L'impr. à l'Exposition de 1878-1879 (2 ex.). — Quel est l'imprimeur du XVᵉ siècle qui a employé la singulière lettre majuscule R. ? par Helbig. — **Lambinet.** Origine de l'imprimerie. 1810, 2 vol. rel. — **Crapelet.** De l'imprimerie. 1827 (tome I). — **Thibout.** L'excellence de l'imprimerie. 1754. — **Naudé.** Origine de l'imprimerie. S. d. (extrait).

573. **Imprimeries clandestines ou particulières.** Dossier important de Notes manuscrites du P. Lair. (*Copie de Peignot*). — Dossier Peignot, cession des héritiers Peignot à Téchener sur sa demande, autorisation de Téchener accordée à Claudin. Notes de Peignot et correspondance adressée à Durand de Lançon et à Beuchot. — Notes sur Jean Muller à Nuremberg. — Couvent de Marienthal. — Peignot. Imprimeries particulières, XVᵉ et XVIᵉ siècles. — Imprimerie orientale de Savary de Brèves (vers 1612). Imprimerie de la Grande Chartreuse ; du Muguet à Versailles ; de Frédéric II, Roi de Prusse, vers 1750 ; de Bochard de Saron ; du Prince de Ligne ; de Beaumarchais à Kehl ; des Enfants aveugles de Paris, etc., etc.

> Toutes ces notes ont été réunies par Gabriel Peignot d'abord et continués par A. Claudin. Dossier de notes bibliographiques de Dangé en un carton. *Ajoutées*: *Fiches copiées sur Deschamps, etc.*

V. PARIS (Imprimerie à)

574. **Paris** (Alphabets des premiers imprimeurs de). Env. 250 pl. photo-lithogr., petit in-4, dans une boîte.

575. **Lacaille** (J. de). Histoire de l'imprimerie et de la librairie où l'on voit son origine et son progrès, jusqu'en 1689. PARIS, 1689, in-4, v. gr. (*Rel. anc.*).

> Armoiries sur les plats. Quelques additions mss.

575 a. — **Le même ouvrage**, même édition in-4, v. m. (*Deux exemplaires*).

576. **Chevillier** (A.). L'origine de l'imprimerie de Paris, dissertation hist. et crit. PARIS, MDCXCIV, in-4, vél. marbr.

> Exemplaire annoté par Silvestre.

576 bis. **Chevillier.** Le même ouvrage, rel. en v. marbr. (*9 exemplaires en reliure ancienne*).

577. **Greswell** (W. P.). Annals of parisian typography, cont. an account of the earliest typographical establishments of Paris..... LONDON, 1818, in-8, XII, 356 pp., vig., chag. plein rouge, dent. à froid sur les plats, dent. int., tr. dor.

578. **Taillandier** (M.-A.). Résumé hist. de l'introduction de l'imprimerie à Paris. PARIS, 1837, in-8, portr., fig. de marques ; demi-rel. maroq. br., n. rog.

579. **Franklin.** La Sorbonne, ses origines, sa bibliothèque, les débuts de l'impr. à Paris, etc. PARIS, 1875, pet. in-8, plan, demi-rel. maroq. bleu, n. rog. (*Tiré à 400 ex.*).

580. **Philippe** (J.). Origine de l'imprimerie à Paris, d'après des documents inédits. PARIS, 1885, in-8, 253 pp., fig., demi-rel. maroq. orange, n. rog., couv.

581. **Claudin** (A.). Les Origines de l'imprimerie à Paris. (La première presse de la Sorbonne). Paris, 1899, in-8, 60 pp., pap. de Holl. (*Tiré à* 100 *ex.*).

582. **Claudin** (A.). The first Paris press an account of the books printed for G. Fichet and G. Heynlin, in the Sorbonne (1470-1472). London, 1897, in-4, 100 pp., front., fac-simile, *papier de Hollande*, br. (2 *ex.*).

583. **La Première presse à Paris**. Extrait de la *Typologie-Tucker* et circulaire Caslon. (1898), in-4, 15 pp., br. (38 *ex.*).

584. **Claudin** (A.). Liste chronologique des imprimeurs parisiens du XVe siècle (1470-1500). Paris, 1901, in-8, 23 pp. (13 *ex. pap. de Holl.*, 13 *ex. pap. ord.*).

585. **Claudin** (A.). Pierre César et Jean Stoll, imprimeurs parisiens du XVe siècle (documents inédits). Paris, 1900, in-8, 16 pp. br.

586. **Renouard** (Ph.). Imprimeurs parisiens, libraires, fondeurs de caractères et correcteurs d'imprimerie dep. l'introduction de l'imprimerie à Paris (1470) jusqu'à la fin du XVIe siècle, leurs adresses, marques, enseignes, dates d'exercice, etc. Paris, *A. Claudin*, 1898, in-12, XVI-480 pp., demi-rel. chagr.

Avec un plan des quartiers de l'Université et de la Cité.

586 *bis*. **Renouard**. Le même ouvrage. (*Trois exempl. brochés*).

587. **Stein** (Henri). L'Atelier typographique de Wolfgang Hopyl à Paris. Fontainebleau, 1891, in-4, 30 pp., demi-rel. chag. bl., n. rog.

Papier de Hollande, tiré à 100 exemplaires non mis dans le commerce. Envoi d'auteur et lettre ajoutée.

588. **Champion**. Les plus anciens monuments de la typographie parisienne, préfaces typographiques des livres sortis des presses de la Sorbonne (1470-1472). Recueil de 86 fac-similes avec introduction de 21 pp. Paris, 1904, in-4, en carton. Envoi d'auteur.

589. **Brunet** (J.-C.). Notice sur les Heures gothiques imprimées à Paris, à la fin du XVe siècle, et dans une partie du XVIe. Paris, 1864, gr. in-8, 135 pp., demi-rel. maroq. bleu, tête dor., n. rog., couv.

Papier de Hollande. Exemplaire interfolié de papier blanc.

590. **Macfarlane** (J.). Antoine Vérard. London, 1899, in-4, XXI et 136 pp., planches, 54 pages de fac-simile, demi-rel. chag. bleu, n. rog.

Excellente monographie.

591. **Stephanorum** historia, vitas ipsorum ac libros complectens. Londini, 1709, in-8, portr., veau brun. (*Armoiries sur les plats*).

591 *bis*. A view of the early parisian greek press ; incl. the lives of the Stephani ; notices of other contemp. greek printers of Paris ; and various particulars of the literary and eccles. history of their times Oxford, *Greswell*, 1833, 2 vol. in-8, rel. toile, n. rog.

Crapelet (G. A.). Robert Estienne, imprimeur royal, et le Roi Francois Ier. Nouvelles recherches sur l'état des lettres et de l'imprimerie au XVIe siècle. Avec 7 planches. Paris, 1839, in-8, 92 pp., figures, demi-rel. dos et coins de chag. vert, n. rog.

592. **Omont** (H.). Essai sur les débuts de la typographie grecque à Paris (1507-1516). Paris, 1892, in-8, demi-rel. maroq. bl., n. rog.

593. **Imprimerie Royale et Nationale**. 3 vol. in-8 et in-4, rel.

Duprat. Précis historique sur l'Imprimerie Nationale et ses types. Paris, 1848. — Notice sur les types du spécimen de l'impr. royale. Paris, 1847. — Bernard. Histoire de l'impr. royale du Louvre. Paris, 1867.

594. **Imprimerie** (Réunion de 5 vol. in-12 sur l'), br.

<blockquote>

Renouard. Imprimeurs parisiens. 1898, in-8, br. — **Degeorge.** Imprimerie en Europe aux XVe et XVIe siècles. 1892. — **Poche.** Quelques adresses de libraires et imprimeurs du XVIIe siècle. 1899. — Liste des lieux d'impression en Europe avec dates et noms d'imprimeurs, par un bibliophile. 1900 (2 ex.). — (Tiré à 28 ex.).

</blockquote>

595. **Imprimerie.** Documents sur les imprimeurs, libraires, cartiers, graveurs, fondeurs de lettres, etc., ayant exercé à PARIS de 1450 à 1600, par Renouard. 1901, 1 vol., br. — **Bernard.** De l'origine et des débuts de l'imprimerie en Europe. PARIS, 1853, 2 vol., demi-rel. chag. — **Lichtenberger.** Histoire de l'invention de l'imprimerie. 1825, 1 vol. dérel. — Ens. 4 vol. in-8, br. et rel.

596. **Imprimerie** (23 brochures in-8, sur l'), et les Imprimeries particulières.

<blockquote>

Bernard. Antoine Vitré. 1857. — **Alès.** Les Moines imprimeurs. 1873. — **De Boisse.** Produits de l'Impr. de France. 1855. — **Balthazar.** Moretus. 1884 (5 ex.). — **Morin.** Police des compagnons imprimeurs. 1898. — **Alkan.** Brochures diverses, etc., etc.

</blockquote>

597. **Bernard** (Aug.). Archéologie typographique. BRUXELLES, 1853, 47 pp. — Les Estienne et les types grecs de François 1er. PARIS, 1856, 260 pp. — Antoine Vitré et les caractères orientaux de la bible polyglotte de Paris. PARIS, 1857, 54 pp. — Antoine Vérard et ses livres à miniatures au XVe siècle. PARIS, 1860, 24 pp., en 1 vol. in-8, demi-rel. avec coins de veau brun, n. rog.

598. **Femmes compositrices** d'imprimerie sous la Révolution Française en 1794, par un ancien typographe. PARIS, 1862, in-8, 11 pp., br.

<blockquote>

Réimpression d'une brochure parue pendant la Révolution : 38 exemplaires sur papier de différentes couleurs.

</blockquote>

598 bis. **Paris** (Imprimerie à). 29 vol. ou broch. in-4 et in-8, brochés.

<blockquote>

Dumoulin. Vie et œuvres de Frédéric Morel, imprimeur à Paris depuis 1557 jusqu'à 1583. 1901. — **Delalain.** Inventaire des marques d'imprimeurs et libraires, 2 fasc. 1886-87. — **Delalain.** L'Imprimerie et la Librairie à Paris de 1789 à 1813. 1899. — **Philippe.** Origine de l'Imprimerie à Paris. 1885. — **Philippe.** Guill. Fichet, int. de l'imprimerie à Paris. 1892. (3 ex.). — **Claudin.** Pierre César et Jean Stoll, imprimeurs parisiens. 1900 (2 ex.). — **Liste** des libraires et imprimeurs de Paris, 1723. — Liste des imprimeurs de Paris, Avril 1811. 1870. — **Guill. Fichet.** Sur l'introduction de l'imprimerie à Paris. 1889. — **Van der Meersch.** Pierre de Reysere. 1846. — **Claudin.** Origines de l'imprimerie à Paris. 1899. — **Duprat.** Progrès de la typographie. 1863. — **Delisle.** Les Marnef. — **Stein.** Les Estienne. 1895. — **Omont.** Archives de la chambre syndicale des lib. et imprimerie de Paris. 1886. — **Delisle.** Josse Bade, impr. parisien. 1896, 3 ex. — **Alkan.** Les quatre doyens de la typographie parisienne. 1889 (7 ex.). — Arrêt du Conseil d'Etat, sa Majesté a reconnu qu'il serait dangereux de laisser subsister les imprimeurs isolés. 1777.

</blockquote>

599. **Paris** (Impressions de). *Robert Estienne, Simon de Colines, P. Regnault, Sertenas,* etc. XVIe siècle. 10 vol. in-4 et in-8, dérel. et rel.

<blockquote>

1. **(Stephanus).** Alphabetum graecum. *Ex offic. R. Stephani,* 1543-1568 (*marque Noli Altum sapere*).
2. **Arboreus Laudunensl.** Utilia admodum ad predicamanta Aristotelis scholia. *Ap. S. Colinaeum,* 1532, (*marque*).
3. **Arboreus.** Lucul. J. Arborei in librum Aristotelis commentarii. *Simon de Colines,* 1543, bordure s. le titre.
4. **Arboreus.** Compendiaria in dialecta elementa introductio. *Ap. Sim. Colinaeum,* 1543, marque.
5. **Bayfius.** De re vestiaria. *P. Regnault,* 1535.
6. **Degrassalius Carcassonensis.** Regalium Franciae libri duo IV. *Ap. Galeotum Pratensem,* 1545, marque de Ponset le Preux.
7. **Du Boullay.** Les Généalogies des très illustres Princes et Ducs de Lorraine. *V. Sertenas,* 1549, in-8.
8. **Passerat.** Rœn. A Henry de Mesmes pour estraine, trad. du latin. *Est. Prévosteau, s. d.* (1599), in-8, marque.
9. **Coras** (G, de). Paraphrase sur l'édict des mariages clandestins. *V. Normant,* 1572.
10. **Paris** (Le Soulagement des habitans de) sur le renchérissement des Loyers. 1519.
11. **Bayfius.** De vasculis libellus. 1735 (*marq. Noli Altum Sapere*).

</blockquote>

12. **Heptœstionis**. Enchiridion de metris. *Typ. Regis, apud Turnebum*, 1553 *(marque)*.
13. **Cornelius Nepos**. *Jehan Petit*, s. d. *(marque)*.
14. **Quintilien**. De Pronuntiatione ex Quintiliana. *Mat. Davidès*, 1548, *(marque d'impr.)*.
15. **Bodin**. Les Paradoxes du seigneur de Malestroict. *J. Dupuys*, 1578, *(marque d'impr.)*.
16. **Du Tronchet**. Finances et thrésor de la plume. *Lucas Breyer*, 1572.

VI. IMPRIMERIE DANS LES PROVINCES DE FRANCE

Agenais. — *Artois*. — *Berry*. — *Bourgogne*. — *Bresse*. — *Bretagne*. — *Champagne*. — *Comtat-Venaissin*. — *Dauphiné et Savoie*. — *Flandres*. — *Franche-Comté*. — *Gascogne*. — *Guyenne*. — *Ile-de-France*. — *Languedoc*. — *Limousin*. — *Lorraine*. — *Lyonnais*. — *Maine*. — *Nivernais*. — *Normandie*. — *Orléanais*. — *Blaisois*. — *Pays Chartrain*. — *Picardie*. — *Provence*. — *Roussillon*. — *Saintonge*. — *Velay*.

600. **Lyon** (Alphabets des premiers imprimeurs de). Env. 320 pl. photo.-lith. pet. in-4, dans une boîte.

601. **Provinces de France** (Alphabets des premiers imprimeurs dans les villes des), sauf Lyon. Env. 168 pl. photo.-lithogr., pet. in-4, en feuilles.

602. **Andrieu** (J.). Bibliographie gén. de l'Agenais et des parties du Condomois et du Bazadais incorporées dans le dép. du Lot-et-Garonne. AGEN, 1886-91, 3 vol. in-8, br., couv. (*Lettres ajoutées*).

603. **Andrieu** (J.). Histoire de l'imprimerie en Agenais, dep. l'origine jusqu'à nos jours. AGEN, 1886, in-8, 172 pp., demi-rel. chagr. rouge, n. rog., couv. (*Tiré à 150 ex.*).

604. **Claudin** (A.). Le Premier livre imprimé à Agen. Recherches sur la vie et les travaux du premier imprimeur Agenais. PARIS, *Claudin*, 1894, in-8, 21 pp., br., pap. de Holl.

Tiré à 100 exemplaires. Quatre exemplaires.

605. **Morand**. Essai bibliographique sur les princip. *impressions Boulonnaises* des 17e et 18e siècles. 1841, 47 pp. — Notice sur l'établissement de l'imprimerie dans la ville d'Aire aux XVIIe et XVIIIe siècles. 1845, 16 pp. en 1 vol. in-8, demi-rel. chagr. br., non rog., couv. On y a ajouté :

Dinaux (A.). Voyage dans une bibliothèque de province. MONTATAIRE, *imp. de l'auteur*, s. d. (vers 1845) in-8, 96 pp., demi-rel. veau rose avec coins, tête dor., non rog.

606. **Duthillœul** (H.-R.). Bibliographie douaisienne ou catalogue hist. et rais. des livres imprimés à Douai, dep. l'année 1563 jusqu'à nos jours, avec des notes bibliographiques et littéraires ; nouv. édition. *Douai*, 1842, in-8, LVIII et 468 pp., demi-rel. chag. (*Quelques notes au crayon*).

On y a joint : Claudin. Origines de l'imprimerie à Hesdin, 1891.— **Advielle**. Bauldrain-Dacquin, premier impr. de la prov. d'Artois. 1893. — L'Imprimerie dans la ville d'Aire. — **Lion**. L'Hôtel de Ville d'Hesdin. — Catalogue de la bibl. de l'abbaye de Clairmarais. — **Duthillœul**. Bibliographie douaisienne, tome 2. Appendice et nouvel appendice par Nève et Chénedollé. 3 plaq.

607. **Dard** (Baron). Bibliographie hist. de la ville de Saint-Omer. ARRAS, 1880, gr. in-8, 84 pp., demi-rel. chag. brun, n. rog., couv.

Papier de Hollande, tiré à 50 exemplaires non mis dans le commerce. — Envoi d'auteur.

608. **Claudin** (A.). Origines de l'imprimerie à Hesdin-en-Artois (1512-1518). PARIS, 1891, in-8, 16 pp., pap. de Holl., br.

Tiré à 100 exemplaires. — Trois exemplaires.

609. **Arras**. Recherches sur les livres imprimés à Arras par d'*Héricourt et Caron*. 1851, 2 parties 133 et 466 pp. — L'imprimerie à Arras, étude histor. par Cavrois. 1878, 24 pp.

— Notes pour servir à l'histoire de l'imprimerie dans le Nord et le Pas-de-Calais, par le Comte d'Héricourt. 20 pp., in-8, demi-rel. chagr. rouge.

<small>On y a joint : Notes hist. sur les premiers impr. de l'Artois, par Lavoine. Lettres ajoutées. — D'Héricourt et Caron. Recherches sur les livres impr. à Arras, 1re partie (2 ex.).</small>

610. **Auvergne.** — **Vernière** (Ant.). Note sur le premier livre connu imprimé à Clermont en 1523. BRIOUDE, 1882, in-8, XVIII pp., *pap. de Holl.*, br.

611. **Boyer** (H.). Histoire des imprimeurs et libraires de Bourges, suivi d'une notice sur ses bibliothèques. BOURGES, 1854, in-8, 76 pp., demi-rel. chag. bleu, non rog., couv. (*Envoi d'auteur*).

612. **Bernard** (Aug.). Geofroy Tory, peintre, premier imprimeur royal, réformateur de l'orthographe et de la typographie sous François Ier, IIe édition refondue. PARIS, 1865, in-8, VIII et 411 pp., demi-rel., dos et coins de mar. vert, dos orné, tête dor., non rogn.

<small>Papier vergé de Hollande.</small>

613. **Ribière** (H.). Essai sur l'histoire de l'imprimerie dans le dép. de l'Yonne et spécialement à Auxerre, suivi du catalogue des livres, brochures et pièces imprimées dans cette ville, de 1580 à 1857. AUXERRE, 1858, in-8, 378 pp. et 2 fac-simile, demi-rel. bas., non rog.

614. **Ribière** (H.). Essai sur l'histoire de l'imprimerie dans le départ. de l'Yonne et spécialement à *Auxerre*, suivi d'un catalogue des livres, brochures et pièces imprimés dans cette ville, de 1580 à 1857. AUXERRE, 1858, in-8, 378 pp., demi-rel. chag.

<small>Exemplaire corrigé, annoté et complété par M. Monceaux, d'Auxerre.</small>

615. **Clément-Janin.** Les Imprimeurs et les libraires dans la Côte-d'Or ; seconde édition DIJON, 1883, in-8, 238 pp., portr., fac-simile, demi-rel. chag. bl., non rog., couv. (*Lettre de l'auteur ajoutée*).

616. **Pellechet** (Mlle). Catalogue des incunables de la bibliothèque publique de Dijon DIJON, 1886, in-8, 174 pp., demi-rel. chagr. bl., non rog.

617. **Monceaux** (H.). Les Le Rouge de Chablis. Calligraphes et miniaturistes, graveurs et imprimeurs. Etude sur les débuts de l'illustration du livre au XVe siècle. PARIS, *Claudin*, 1896, gr. in-8, 332 p., nombr. fac-simile, br. (*4 exemplaires*).

618. **Monceaux** (Henri). La Révolution dans le dép. de l'Yonne, 1788-1800, essai bibliographique, ouvrage illust. de 230 vig. sur bois. AUXERRE, 1890, 1 tom. en 2 vol. in-8, fig., br., couv.

<small>Exemplaire de l'auteur interfolié de papier blanc, annoté et complété par lui.</small>

619. **Bourgogne.** Imprimerie et bibliographie. 6 vol. ou opusc., in-8, br.

<small>Catalogue des livres de la bibliothèque d'un Chanoine d'Autun, Claude Guilliaud, 1493-1531, par **Pellechet**. 1890. — Livres imprimés à Cluni au XVe siècle. 1897. — **Clément-Janin**. Les Imprimeurs et Libraires de la Côte-d'Or. 1883. — Jean Turrel de Dijon, par **Dorveaux**. 1901. — **Girod-Novillars**. Essai hist. sur quelques gens de lettres nés dans le Comté de Bourgogne. 1806, in-8. — **Clément-Janin**. Les Imprimeurs Dijonnais. 1873.</small>

620. **Delisle.** Notes sur quelques manuscrits de la bibliothèque d'Auxerre. PARIS, 1877, pap. de Holl., in-8, fac-simile, br.

<small>Six exemplaires sur les 25 tirés sur papier vergé.</small>

621. **Siraud** (Alex.). Bibliographie de l'Ain, précédée d'une histoire de l'imprimerie dans ce départ. 1851, 528 pp. — **Vayssière**. Les Commencements de l'imprimerie à Bourg-en-Bresse. 1877, pap. vergé. (*Tiré à 25 ex.*). 2 ouv. en 1 vol. in-8, demi-rel. chagr. bl., non rog.

621 *bis*. **Gautier** (T.). Histoire de l'imprimerie en Bretagne. RENNES, 1857, in-8, 62 pp., demi-rel. chag. bl., non rog. *On y a ajouté* :

Plaine (Dom Fr.). Essai hist. sur les origines et les vicissitudes de l'imprimerie en Bretagne. NANTES 1876, in-4, 43 pp. demi-rel. chag. bleu, n. rog., couv. (*Papier vergé*, tiré à 50 exemplaires).

622. **Imprimerie en Bretagne au XVe siècle** (L'), étude sur les incunables bretons, avec fac-simile conten. la reproduction intégrale de la plus ancienne impression bretonne (par Arthur de la Borderie). NANTES, 1878, in-4, rel. pleine en mar. rouge, fil., plats dorés aux compartim. en losanges, fonds d'hermines de Bretagne, dent. intér., doublé de satin rouge, tr. dor., dans un étui.

Bel exemplaire en grand papier de Hollande. — Tiré à petit nombre et numéroté.

623. **La Borderie** (A. de). Archives du bibliophile breton, notices et documents pour servir à l'histoire littér. et bibliogr. de la Bretagne. RENNES, 1880-85. 3 vol. in-12, demi-rel. chag. bleu, n. rog.

Papier vélin fort, tiré à 20 exemplaires.

624. **Bretagne** (Imprimerie et Bibliographie en). 9 vol. ou opusc. in-4 et in-8, rel. et br. (*Ce num. pourra être divisé*).

La Borderie. Etude bibliographique sur les chroniques de Bretagne d'Alain Bouchart. 1889. — L'*Imprimerie* en Bretagne au XVe siècle. 1878. — **Granges de Surgères**. Notes sur les anciens imprimeurs Nantais. 1898. — **Delourmel**. L'Impr. à Brest. 1903. — **Pitre de Lisle**. Musée Dobrée. — **Bonnefoy**. Vie de St-Yves, tirée d'un manuscrit sur vélin du XIVe siècle. (*Papier vergé. Envoi et lettre*). — **Jouön des Longrais**. Jacques Doremet, sa vie et ses ouvrages avec recherches sur les premières imp. Malouines. 1894. — **Manet**. Biographie des Malouins célèbres depuis le XVe siècle jusqu'à nos jours. 1824.

625. **Troyes**. Xylographie de l'imprimerie Troyenne pendant le XVe, le XVIe, XVIIe et le XVIIIe siècle, préc. d'une lettre du bibliophile Jacob, sur l'histoire de la gravure en bois, publ. par Varusoltis. TROYES, 1859, in-4, 571 vign. s. bois, br.

On y a joint le supplément publié par Socard. PARIS, 1880, 124 vign. in-4 br. (Tiré à 30 exempl.).

626. **Troyes** (Catalogue de la Bibliothèque de la ville de), par **Socard**. PARIS, 1875-1883, 10 vol. in-8, pap. vergé, br., couv.

627. **Corrard de Bréban**. Recherches sur l'établissement et l'exercice de l'imprimerie à Troyes, contenant la nomenclature des imprimeurs de cette ville, depuis la fin du 15e siècle jusqu'à 1789. PARIS, 1851, in-8, 84 pp., demi-rel. chag. brun, n. rog. (*Nombreuses corrections et lettre ajoutée*).

Papier vergé. Tiré à 160 exemplaires.

On y a joint : Imprimeurs, libraires et relieurs Troyens d'autrefois. (1623-1725), par Babeau (1884). 27 pp. et 2 planches.

628. **Corrard de Bréban**. Recherches sur l'établissement et l'exercice de l'Imprimerie à Troyes depuis la fin du XVe siècle jusqu'à 1789. 3e édition. PARIS, 1873, in-8, fac-simile, br. (*Quatre ex.*).

629. **(Daguin)**. L'Imprimerie et la librairie dans la Haute-Marne et dans le diocèse de Langres. LANGRES, 1883, in-8, 50 pp., demirel. chagr. bl., non rog., couv. (*Tiré à 100 ex. — Envoi de l'auteur*). *On y a joint* :

Menu (H.). Notice sur l'atelier typographique établi en 1622, par l'abbesse Jeanne de Beauvilliers dans l'abbaye d'Avenay (Marne). PARIS, 1875, in-8, pap. de Holl., 8 pp. demi-rel. avec coins de mar. rouge, tête dor., n. rog., couv. (*Fock*).

Denis (A.). Notice sur les communautés laïques de la ville de Vitry-le-François, suiv. d'un court aperçu sur l'introduction et l'exercice de l'imprimerie dans cette ville. VITRY-LE-FRANÇOIS, 1874, in-8, 30 pp., demi-rel. chagr. br. (*Tiré à 50 ex.* — *Lettre de l'auteur ajoutée*).

630. **Claudin** (A.). Les Origines de l'imprimerie à Reims : les trois premiers imprimeurs Claude Chaudière, N. Trumeau, N. Bacquenois. PARIS, 1891, in-8, fac-simile, 24 pp., pap. de Holl., br.

> Tiré à 100 exemplaires. — Trois exemplaires.

631. **Socard** (Al.). Livres populaires imprimés à Troyes de 1600 à nos jours. Hagiographie, Ascétisme, Noëls et Cantiques, avec des notes biographiques et bibliographiques sur les imprimeurs Troyens. TROYES, 1864-65, 2 vol. in-8, figures, demi-rel., avec coins de maroq. rouge, n. rog.

> *Papier de Hollande*, tiré à petit nombre. Ouvrage contenant 140 gravures tirées sur les bois originaux. Exemplaire interfolié de papier blanc.

632. **Lieutaud** (S.). Recherches sur les personnages nés en Champagne, dont il existe des portraits dessinés, gravés ou lith. PARIS, 1856, in-8, IV et 128 pp., demi-rel. chag. vert.

633. **Denis** (Aug.). Recherches bibliographiques en forme de Dictionnaire sur les auteurs morts ou vivants qui ont écrit sur l'ancienne province de Champagne. CHALONS-SUR-MARNE, 1870, in-8, 190 pp., demi-rel. chag. brun, non rog., couv.

> Exemplaire interfolié de papier blanc.

634. **Champagne** (Imprimerie en). 26 vol. ou opusc. in-8 et in-4, br.

> **Lhote**. Hist. de l'imprimerie à Châlons-sur-Marne. 1894, in-4, fig. (*lettre de l'auteur*). — Les Graveurs Troyens. 1868. — **Lhote**. Liste des impr., libraires et relieurs de Châlons. 1872. — **Denis**. Recherches bibliographiques ou Essai d'un manuel du bibliographe champenois. 1870. — **Denis**. Les Almanachs de la Champagne. 1880. — **Marcel**. Les livres liturgiques du diocèse de Langres. 1899. — **Morin**. Histoire corporative des artisans du livre à Troyes. Histoire des impr. de Troyes. 1895. — 14 brochures de Louis **Morin** publiées de 1895 à 1902. — *Biographie* des Champenois célèbres. 1836. — *Biographie* Rémoise par Danton, s. d. — **Babeau**. Impr. et libraires Troyens, 1884. — **Socard**. Promenade à la bibliothèque de Troyes. 1869.

635. **Claudin** (A.). Les origines de l'imprimerie en France. Premiers essais à Avignon en 1444. PARIS, 1898, in-8, 16 pp., br. (40 *ex.*).

> Tiré à 100 ex. — Quarante exemplaires dont 9 en papier de Hollande.

636. **Comtat Venaissin**. — **Claudin**. Les Origines de l'imprimerie à Avignon (premiers essais en 1444). 1898. — **Bayle**. La question de l'impr. à Avignon, 1444 et 1446. 1900. — **Requin**. Réponse à M. Bayle. 1902. — **Requin**. Origines de l'impr. Avignon, 1891, 4 vol.

636 *bis* **Requin** (L'abbé). L'Imprimerie à Avignon en 1444. PARIS, 1890, in-8, 20 pp., fac-simile, demi-toile, rel. n. rog. (*lettre de l'auteur ajoutée*).

637. **Avignon**. Réunion de 5 opusc. en 1 vol. in-8, demi-rel. chagr. br., non rog., couv.

> Emploi des types mobiles dans l'ornementation des manuscrits au XIIIe siècle, par P.-L. Jacob, 4 p. — Documents inédits sur les origines de la typographie, par l'abbé Requin. 1890, 24 pp. — Les origines de l'impr. à Avignon, par Duhamel. 1890, 15 pp. — L'impr. à Avignon en 1444, par l'abbé Requin. 1900, 20 pp. — Origines de l'impr. en France. Avignon, 1444, par l'abbé Requin. 1891, 37 pp. — Avec fac-similes.

638. **Maignien** (E.). Catalogue des incunables de la bibliothèque municipale de Grenoble. MACON, 1899, in-8, front., fig. et 498 pp., demi-rel. maroq. vert, n. rog., couv.

639. **Maignien** (Edmond). L'Imprimerie, les imprimeurs et les libraires à Grenoble du XVᵉ au XVIIIᵉ siècle. GRENOBLE, 1884, in-8, 606 pp., demi-rel. chag. orange, n. rog., couv. (*Lettre ajoutée. Fac-similés dans le texte*).

640. **Claudin** (A.). Barthélemy de la Gorge, libraire, relieur et marchand mercier à Grenoble (1566-1622). *S. d.*, in-8, 8 pp., br. (30 *ex.*).

641. **Dauphiné** (Imprimerie en). Recueil de 15 opusc. en 1 vol. in-8, demi-rel. chagr. bl., non rog. Lettres ajoutées.

> **Maignien.** Bibliographie des ouvrages sortis des presses de La Correrie. 1896. — Lettre à M. J. Ollivier (de Valence). Quelq. documents sur l'origine de l'imprimerie en Dauphiné. 1835. — Matériaux pour servir à une histoire de l'imprimerie en Dauphiné, par Colomb-de-Batines. 1837. — Manuscrits et incunables en Dauphiné, par Ulysse Chevalier. 1887, avec fac-similé. — Lettre de M. Millin à M. Boulard cont. quelques détails de son voyage de Lyon à Chambéry. 1811, portr. — Un incunable calomnié par (Peret). — Barthélemy de la Gorge, libraire à Grenoble, par Claudin. — Notes sur François Marc et Amabert imp. à Grenoble, par (Chaper). 1877. — Bureau et Verdier, impr. à Grenoble. — La Traduction de Petrone, impressions clandestines de Grenoble. 1694, par Terrebasse. 1888. — Bréviaire de Privas, par L. Delisle, etc.

642. **Dauphiné-Savoie** (Imprimerie en). 7 vol. ou broch. in-8, br.

> **Dufour et Rabut.** L'Imprimerie et les libraires en Savoie du XVᵉ au XIXᵉ siècle. 1877. — **Couderc.** Guill. Fichet et sa famille. 1900. — **Arnaud.** Bibliographie Huguenote en Dauphiné. 1894 (*lettre ajoutée*). — Un nouvel exemplaire du premier livre imprimé à Grenoble (*Extrait*). — **Claudin.** Barthélemy de La Gorge de Grenoble (2 ex.). — Les Baquelier de Grenoble, par **Chapuis**. 1885, lettre ajoutée. — Le Missel de l'Eglise de Dié.

643. **Dinaux** (Ar.). Bibliographie cambrésienne, ou catalogue rais. des livres et brochures imprimés à Cambrai, suiv. l'ordre chronologique des imprimeurs de cette ville... DOUAI, 1822, in-8, XIV et 138 pp., cart. (*Tiré à 50 exemplaires*).

> A la fin : Notice hist. et littér. sur le Card. Pierre d'Ailly, évêque de Cambrai au XVᵉ siècle. 1824, 118 pp., portr.

644. **Houdoy** (J.). Les imprimeurs lillois. Bibliographie des impressions lilloises. 1595-1700. PARIS, 1880, gr. in-8, XXII-391 pp., pap. vergé, 1 pl. blason, cart. bradel, non rog., couv.

> On y a joint : Catalogue de la bibliothèque de Lille. 1841, 4 vol. in-8. — Catalogue des Manuscrits 1848, in-8. — Les Incunables de la Cité de Cambrai. — Catalogue des livres d'architecture de M. Richer. 1886. — **Quarré-Reybourbon.** Essai bibl. concernant le bombardement de Lille en 1792, in-8.

645. **Laire.** Dissertation sur l'origine et les progrès de l'imprimerie en Franche-Comté pend. le XVᵉ siècle. DOLE, *Joly*, 1785, in-8, demi-rel. mar. rouge, non rog.

645 *bis* **Besançon.** Catalogue des livres imprimés de la bibliothèque de la ville. Histoire, belles-lettres sciences et arts (tome I). BESANÇON, 1842-75, 3 vol. in-4 br.

> On y a joint en double : Belles-Lettres. 1846, 1 v. — Histoire. 1842, 1 v., reliés.

646. **Claudin** (A.). Les origines de l'imprimerie à Salins, en Franche-Comté (1484-1485). PARIS, 1892, in-8, 24 pp. br., pap. de Holl. (*Deux ex. sur un tirage de cent*).

647. **Franche-Comté.** Catalogue des manuscrits et livres imprimés de la bibliothèque de VESOUL. 1863. — Catalogue des manuscrits de la bibliothèque de SALINS, par **Prost**. 1878, (5 *ex.*). — Marques de bibliothèques et ex-libris franc-comtois par **Gauthier** et **Lurion**. 1894. — Ens. 7 opusc. ou vol. in-8, br.

648. **Auch.** (Histoire de l'imprimerie à) jusqu'en 1790. Bibliographie, librairie, par J. **Lafforgue.** 1862, 19 pp. — Les Pérégrinations de l'imprimeur Arnaud de St-Bonnet à Lyon, Grenoble, Cahors, Montauban, Auch et Lescar. 1617-1653, par **Forestié**. 1891, 28 pp., en 1 vol. in-8, demi-rel. chag. br., n. rog. (*Envoi d'auteur. — Lettres ajoutées*).

649. **Bordeaux.** Catalogue des livres comp. la bibliothèque de la ville de Bordeaux. Paris, 1830-56, 8 vol. in-8, br.

650. **Claudin** (A.). Les Origines de l'imprimerie à Auch. Paris, 1894, in-8, fac-simile, 32 pp., br. (*Tiré à 100 ex.*).

651. **Claudin** (A.). Les Antécédents d'Henry Poyvre et de J. de Vingles, premiers imprimeurs de la ville de Pau. Auch, 1893, in-8, 4 pp., br. (7 *Ex.*).

652. **Claudin** (A.). Les origines et les débuts de l'imprimerie à Bordeaux. Paris, 1897, in-8, 117 pp., fac-simile, br., couv. (*Tiré à 100 ex.* — *Trois exemplaires*).

653. **Claudin** (A.). Les origines de l'imprimerie à La Réole en Guyenne (1517). — Recherches sur la vie et les travaux de Jean Le More, dit Maurice de Coutances, imprimeur (1507-1550). Paris, 1894, in-8, 39 pp., fac-simile. (*Tiré à 100 ex.* — *Trois exemplaires*).

654. **Labadie** (Er.). Notices biographiques sur les imprimeurs et libraires Bordelais des XVIe, XVIIe et XVIIIe siècles, suivies de la liste des imprimeurs au XIXe siècle. Bordeaux, 1900, in-8, XV-184 pp., 7 pl. hors texte et vign., papier de Holl., br. (*Tiré à 200 ex.*).

655. **Ile-de-France.** Chantilly. Le Cabinet des livres imprimés antérieurs au milieu du XVIe siècle. Paris, 1905, in-4, br.

On y a joint : **Picot.** La Raccolta de poemetti italiani della bibliotheca de Chantilly. Pisa, 1894, in-8, 30 p., br. — A. de Marsy. Bibliographie compiégnoise. 1874, 112 pp.

656. **Castellane** (Marquis de). Essai de Catalogue chronologique de l'imprimerie à Toulouse. XVe-XVIe-XVIIe siècle. Toulouse, 1842, in-4, 94 pp. et un pl., demi-rel. chagr. r., non rog.

657. **Desbarreaux-Bernard.** Etablissement de l'imprimerie dans la province de Languedoc. Toulouse, 1875, in-8, 430 pp. et 11 planches, demi-rel. avec coins de maroq. vert, tête dor., non rog. (*Pagnant*).

Ouvrage tiré à 104 exemplaires. *Envoi d'auteur.*

658. **Claudin** (A.). Les libraires, les relieurs et les imprimeurs de Toulouse au XVIe siècle (1531-1550) d'après les registres d'impositions. Paris, Claudin, 1895, in-8, 70 pp. *Papier de Hollande*, br. (*Tiré à 100 ex.* — *Sept exemplaires*).

659. **Claudin** (A.). Un écrivain Saintongeais inconnu : Mathurin Alamande, notes sur une impr. de Toulouse et sur un libraire rouennais établi à Castres en 1519. Paris, 1895, in-8, 20 pp., br. (*Tiré à 100 ex.* — *Trois exemplaires*).

660. **Mende** (Lozère) (Notice sur l'imprimerie à), par **André.** 1865, 7 pp., demi-rel.

On y a joint : **Germer-Durand.** Notes bibliographiques sur la Lozère. 1901, 221 pp. br. Lettre de l'auteur.

661. **Portal** (Ch.). Bibliothèque d'Albi. Catalogue des incunables et des livres de la 1re moitié du XVIe siècle, avec divers fac-similés. Paris, 1892, in-8, XVI et 93 pp. et 5 pl. de filigranes, demi-rel. chagr. r., n. rog., couv. (*Envoi d'auteur*).

662. **Bonnet** (E.). L'Imprimerie à Béziers au XVIIe et au XVIIIe siècle. Béziers, 1897, in-8, 107 pp., demi-rel. chag. r., couv. (*Envoi d'auteur*) .

663. **Claudin** (A.). L'Imprimerie à Uzès au XVe siècle, description d'un bréviaire inconnu imprimé dans cette ville en 1493. Besançon, 1899, in-8, 8 pp., br. (4 *ex.*).

664. **Claudin** (A.). Origines de l'imprimerie à Albi, en Languedoc (1480-1484). — Les pérégrinations de J. Neumeister en Allemagne, en Italie et en France (1463-1484), son établissement définitif à Lyon de 1485 à 1507, d'après les monum. typog. et des docum. orig. inédits avec notes. Paris, 1880, in-8, 104 pp., fac-similes, br. *Papier de Holl.* (43 ex., dont 3 en papier Whatman).

665. **Forestié**, neveu. Histoire de l'imprimerie et de la librairie à Montauban, bibliographie Montalbanaise. Montauban, 1898, in-8, fig. et portr., br., couv. (*Trois exempl. Lettre ajoutée*).

<small>On y a joint : **Forestié**. Histoire de l'impr. à Castelsarrasin. 1901 (5 lettres ajoutées). — L'Imprimerie à Puylaurens. 1896. — L'Imprimerie Arnaud de Saint-Bonnet. 1891. — Jean Baillio, imprimeur à Montauban. — Forestié, Alain de Varènes, 1895.</small>

666. **Desvernay**. Les origines de l'imprimerie à Montpellier, description d'une plaquette inconnue imprimée dans cette ville en 1501, dernière pérégrination de l'imprimeur lyonnais Jean Du Pré. Lyon, 1804, in-8, 14 pl. ch., 9 pl. à fac-similé.(*Onze exemplaires*).

<small>Avec la reproduction en fac-simile de l'opuscule : Thoma Rocha. De siderum in corpore humano influxu medico.</small>

667. **Languedoc**. (Imprimerie, Bibliographie, etc., en). 19 vol. ou opusc. in-8, br.

<small>**Bonnet**. Les Débuts de l'impr. à Montpellier. 1895, lettres ajoutées. — **Bonnet**. Un livre liturgique impr. pour l'église de Maguelone en 1523. Fac-s. 1902. — **Lauzun**. Les Lamouroux. 1893, fig. — **Fréville**. Livres et chansons mis à l'index par l'inquisition de la prov. de Toulouse. 1853. — **Cros**. Anc. ateliers typ. de Narbonne (? ex.). — **Claudin**. Origines de l'impr. à Albi (1480-1484). 1880, fac-similés. — **Claudin**. L'imprimerie à Uzès au XVe siècle. 1899. — **Bonnet**. Bibliographie du diocèse de Montpellier. 1900. — **Arnaud**. Titres civils ecc. et litt. — **Bonnet**. Les œuvres de Plantavit de la Pause. 1900, fac-sim. — **Hubaud**. Examen d'un opuscule de D.-B. L'impr. à Toulouse. 1866. — **Millet**. L'univers d'Orange. 1878. — **Mazon**. Une page de l'hist. du Vivarais. 1894. — **Vaschalde**. L'Imprimerie en Vivarais. 1877 (2 ex.). — **Millet**. Notice sur les imprimeurs d'Orange. 1877. — *Le Missel d'Uzès* imprimé à Lyon en 1495. — **Tarbouriech**. Les Livres d'heures d'Auch. 1865. — Bible manuscrite. 1862. — **Jourdanne**. Bibliographie languedocienne. 1896.</small>

668. **Claudin** (A.). Les origines de l'imprimerie à Limoges. Paris, 1876, in-8, 50 pp., br. (4 *exemplaires*).

669. **Claudin** (A.). Notes pour servir à l'histoire de l'imprimerie à Limoges. L'imprimeur Claude Garnier et ses pérégrinations, 1520-1557. Paris, 1894, in-8, 29 pp., fac-simile br. (3 *ex.*).

670. **Ducourtieux** (Paul). Les manuscrits et imprimés à l'exposition de Limoges en 1886. Limoges, 1888, 80 pp. — Les Marques typographiques des imprimeurs de Limoges. 1890, 16 pp., figures. — Ens. 2 ouvr. en 1 vol. in-8, demi-rel. chag. vert, n. rog., couv. (*Envoi d'auteur*).

671. **Ducourtieux** (P.). Les Barbou, imprimeurs. Lyon, Limoges, Paris (1524-1820). Limoges, 1896, in-8, IV-411 pp., marques typ., br., couv. (*Papier à la forme, tiré à 50 ex. Envoi d'auteur*).

<small>On y a joint : Les Imprimeurs de Tulle. 1896. — Les Imprimeurs de Brive. 1896. — L'Exposition du livre limousin. 1895. — La bibliothèque Tandeau de Marsac. 1897. — Les Barbou de Paris. 1896 (pap. ord.). — Une marque typographique. 1888.</small>

672. **Limousin-Périgord** (Imprimerie en). 10 vol. ou opusc. in-8, br.

<small>Bibliographie du Périgord. XVIe siècle. 1861, pap. vergé tiré à 100 ex. (par **Malleville**). — **De Roumejour**. Essai de bibliographie périgourdine. 1882, pap. vergé (2 ex.). — **Fage**. Quelques marchés d'impressions au XVIIe siècle. — **Wolpmann et Rossignol**. Lettres inédites de Baluze. 1883-99. — **Fray-Fournier**. Les ex-libris limousins. 1895. — **Poyet**. Essai de bibliographie limousine. 1862. — **Guibert**. Les manuscrits du Séminaire de Limoges. — **Duval**. Papetiers et imprimeurs de la Creuse. 1898, 39 nos du Bibliophile limousin. Années 1894 à 1905.</small>

673. **Lorraine.** — **Metz.** Essai philolog. sur les commencements de la typographie à Metz, et sur les imprimeurs de cette ville, puisé dans les matériaux d'une histoire littér. de Metz et de sa province. METZ, 1828, in-8, 293 pp., portr., demi-rel. chag. r. (*Lettres ajoutées*).

673 *bis* **Beaupré.** Nouvelles recherches de bibliographie lorraine, 1500-1700. NANCY, 1856, in-8, 3 part. en 1 vol. in-8, demi-rel. veau fauve, n. rog.

674. **Beaupré** (M.). Recherches et Nouvelles recherches hist. et bibliograph. sur les commencements de l'imprimerie en Lorraine, et sur ses progrès, jusqu'à la fin du XVIIe siècle. ST-NICOLAS-DU-PORT et NANCY, 1845-1856, 2 vol. in-8, demi-rel., dos et coins de chagr. lav., n. rog.

675. **Jacob** (V.). Catalogue des incunables de la bibliothèque de **Metz**, accomp. d'une table alphab. et suivi des marques des imprimeurs messins. METZ, 1876, in-8, 285 pp., vig., demi-rel. chag. violet, n. rog. (*Envoi d'auteur*).

676. **Lorraine.** Trésor du bibliophile lorrain, fac-simile de 125 titres ou frontispices d'ouvrages lorrains rares et précieux, publiés sous la direction de J. Favier, avec une lettre de Léopold Delisle. NANCY, 1889, in-4, 28 pp. de texte et 100 planches en carton.
Ouvrage tiré à 130 exemplaires sur *papier de Hollande*.

677. (**D'Avezac**). Martin H. Waltzemuller, ses ouvrages et ses collaborateurs, par un géographe bibliophile. PARIS, 1867. — Coup d'œil hist. sur la projection des cartes de géographie. PARIS, 1863, 2 ouvr. en 1 vol. in-8, demi-rel. mar. v., non rog. (*Avec un envoi et une lettre a. s. de l'auteur*).
On y a ajouté un exemplaire du premier ouvrage broché.

678. **Saint-Dié** (Imprimerie à). Vie du Duc René II, imprimée à Saint-Dié en 1510. 1875 44 pp. — Waltzemuller, ses ouvrages et ses collaborateurs, par un géographe bibliophile (D'Avezac). 1867, 176 pp. — Nom d'Amérique donné au Nouveau-Continent découvert par Christophe Colomb, d'après la *Cosmographia* imprimée à Saint-Dié en 1507, par Gaultier de Claubry. S. d., 30 pp. en 1 vol. in-8, demi-rel. chag. v., non rog.

679. **Lorraine** (Imprimerie en). Le Testament de Pierre de Blarru, parisien, auteur de la Nancéide, par J. Rouyer. 1888, 49 pp. et 2 fac-simile. — Pillage et incendie de Saint-Nicolas-de-Port (1635), par Deblaye. 1872, 32 pp. — Manuel du pèlerin de St. N.-de-Port. 1866, 28 pp. (remontées). — Fragments d'études de bibliographie lorraine par Rouyer, 1880, 84 pp., en 1 vol. in-8, demi-rel. chagr. bl., non rog., couv.

679 *bis*. **Alsace.** — **Coudre** (J.). Inventaire inédit d'une imprimerie et imagerie populaire de Mulhouse, 1557-1559. MULHOUSE, 1877, gr. in-8, 52 pp., demi-rel. maroq. bleu, n. rog., couv.
Papier de Hollande tiré à 25 exemplaires. Envoi d'auteur au Maître bibliographe A. Claudin ; 3 lettres ajoutées.

680. **Lorraine** (Imprimerie en). 13 vol. et opusc. gr. in-8 ou in-8, br.
Wiéner. Etude sur les filigranes des papiers lorrains. 1893. — **Ory.** L'Imprimerie mussipontaine. 1878. — Recherches sur la bibliographie messine jusques et y compris l'année 1699. Manuscrit de 50 pages. 1713. — **Briquet.** Les anciennes papeteries du duché de Bar. 1898. — (**Teissier**). Essai sur la typographie à Metz. 1828, portr. (3 ex.). — **Beaupré.** Graveurs Nancéins. 1862. — **Favier.** Jean Appier dit Hanzelet. 1890. — **Beaupré.** Recherches de bibliographie lorraine. — **Lepage.** Dialogue de Joannès Lud, imprimeur à St-Dié (tiré à 25 ex.). — **Brincourt.** Jean Jannon, imprimeur à Sedan.

681. **Lorraine** (Mélanges sur l'imprimerie et la bibliographie en). Réunion de 8 opusc. en 1 vol. in-8, demi-rel. chag. viol., non rog.
Recherches historiques et bibliographiques sur les commencements de l'imprimerie en Lorraine, jusqu'à la fin du XVIIe siècle, par Beaupré (6 opuscules). 1845-56. — Quel est le premier livre imprimé en Lorraine, par Clesse. 1859. — Notice bibliographique sur les livres de liturgie du diocèse de Toul et de Verdun, par Beaupré. 1843, 74 pp. — Lettre ajoutée, quelques notes en marge.

682. **Vuillemin** (M.-F.). Biographie vosgienne. NANCY, 1848, in-8, 304 pp., demi-rel. chagr.

683. **Lyonnais.** — **Rondot** (Natalis). Les Graveurs sur bois et les imprimeurs à Lyon, au XVe siècle. LYON, 1896, gr. in-8, 247 pp. *Pap. de Holl.*, br., couv. (*Lettre ajoutée*).

684. **Lyon** (Catalogue des livres de la bibliothèque de), par Delandine. *S. d.* 5 vol. in-8, demi-rel. veau.

On y a joint : **Desvernay.** Catalogue des manuscrits de la bibliothèque de Lyon, fonds général supp. et Collection **Charavay**. 1903, 2 vol. br.

685. **Monfalcon.** Manuel du bibliophile et de l'archéologue lyonnais. PARIS, 1857, in-8, LXXVI et 390 pp., dem.-rel. chag. vert, n. rog. (*Deux exempl.*).

686. **Vingtrinier** (Aimé). Histoire de l'imprimerie à Lyon, de l'origine jusqu'à nos jours. LYON, 1894, in-8, IV-440 pp., vig., pap. de Holl., br. (*Lettre de l'auteur*). — Les Incunables de la ville de Lyon et les premiers débuts de l'imprimerie. LYON, 1890, in-8, 476 pp. et 7 pl. de fac-simile, demi-rel. chagr. bl., non rogn., couv. (*Envoi d'auteur*).

687. **Baudrier** (Le Président). Bibliographie lyonnaise. Recherches sur les imprimeurs, libraires, relieurs et fondeurs de lettres de Lyon au XVIe siècle. LYON, 1896-1908. 3 vol. gr. in-8, fac-simile, br., couv.

Tomes II, III, IV, V, VII. On y a joint : T. V et VII en double.

688. **Leroux de Lincy.** Recherches sur Jean Grolier, sur sa vie et sa bibliothèque, suiv. d'un catalogue des livres qui lui ont appartenu. PARIS, 1866, in-8, papier vergé, br.

689. **Christie** (R.-C.). A Bibliography of the books written, edited, or printed by Etienne Dolet. LONDON, 1880, in-4, 58 pp., demi-rel. chagr.

690. **Lyonnais.** Imprimerie Bibliographie. 18 vol. ou broch. in-8.

Manuel du bibliophile lyonnais. 1857. — **Gonon.** Bibliographie de la ville de Lyon. 1846. — **Cartier.** Imprimeurs et libraires lyonnais au XVIe siècle. 1899. — **Vingtrinier.** Jean Pillehotte. 1885. — **Vingtrinier.** Deux pamphlets anonymes parus à Lyon sous la Restauration. 1903.— **Guigue.** L'ancienne impr. de Trévoux. S. d. — **Niepce.** Les manuscrits de Lyon. S. d. (pap. Holl.). — **Vingtrinier.** Maïoli et sa famille. — *Armorial* des bibliophiles du Lyonnais .1901. — **D'Arcollières.** Jean II de Tournes. 1888. — *Les Bibliothèques Lyonnaises* Randin et Rostain. 1875. — **Péricaud.** Bibliographie lyonnaise. 1840. — **Baudrier.** Bibliographie lyonnaise au XVe siècle. 1875 (3 ex.). — *Manuscrits* de la bibliothèque de Lyon. 1901. — **Fraisse.** Notice sur Jean-Marie Eve, graveur. 1862 (2 ex.). — Catalogue des œuvres de Ménestrier, par **Renard.** 1883.— **Cartier.** Impr. lyonnais au XVIe siècle. — **Fournier.** Le Missel lyonnais du XIIIe siècle.

691. **Laval** (Imprimerie à). Histoire de l'imprimerie à Laval, jusqu'en 1789, par l'abbé Angot. 1892, 48 pp. — Recherches sur les corporations d'arts et métiers du comté-pairie de Laval avant 1789, par M. La Beaulière. 1853, 136 pp., ens. 2 ouvr. en 1 vol. in-8, demi-rel. chag. bleu, n. rog., couv. *On y a joint* :

Desportes. Bibliographie du Maine, précédée de la description du diocèse du Mans. LE MANS, 1844, in-8, demi-rel.
Gadbin. Quelques notes sur l'histoire de l'imprimerie à Château-Gontier. LAVAL, 1896, in-8, 28 pp. br.

692. **La Bouillerie** (Baron S. de). Histoire de l'Imprimerie à la Flèche, depuis son origine jusqu'à la Révolution, 1575-1789. MAMERS, 1896, in-4, 101, pp., texte encadré d'ornem. tirés en rouge, fac-similes, demi-rel. chagr. v., n. rog., couv.

On y a joint : **Cauvain.** Imprimerie dans le Maine. 1860, in-12, demi-rel. chag. vert.

693. **Bégat** (Prosper). Notice sur l'Imprimerie à Nevers. NEVERS, 1864, in-8, 86 pp., demi-rel. chag. vert, n. rog. (*2 lettres ajoutées*).

694. **Pouy** (F.). Recherches historiques et bibliographiques sur l'imprimerie et la librairie et sur les arts et industries qui s'y rattachent dans le départ. de la Somme, avec divers fac-similes. PARIS, 1863-64, 2 part. en 1 vol. in-8 de 148 et 252 pp., demi-rel. chagr. vert, n. rog., couv.

On y joint 1 ex. broché, 2 parties plus 1re partie sur papier jonquille. — **Ledieu**. L'imprimerie et la librairie à Abbeville avant 1879.

695. **Frère** (Ed.). Manuel du bibliophile normand ou dictionnaire bibliograph. et hist. cont. : l'indication des ouvrages relatifs à la Normandie, depuis l'origine de l'imprimerie jusqu'à nos jours... ROUEN, 1858-60, 2 vol. in-8, demi-rel. maroq. vert, tête dor., non rog., couv.

696. **Frère** (Ed.). De l'imprimerie et de la librairie à Rouen, dans les XVe et XVIe siècles, et de Martin Morin, célèbre imprimeur. ROUEN, 1843, in-8, 68 pp., veau fauve, fil., tête dor., n. rog. (Petit-Simier).

Opuscule tiré à 150 ex. sur *papier vergé*. Contient quelques notes de M. Grangier de la Marinière (A. C.).

697. **Frère** (Ed.). De l'imprimerie et de la librairie à Rouen, dans les XVe et XVIe siècles, et de Martin Morin, célèbre imprimeur rouennais. ROUEN, 1843, in-8, 66 pp., demi-rel. chag. rouge, n. rog., couv.

Opuscule tiré à 150 exemplaires, annoté par L. C. Silvestre.

698. **Rouen** (Imprimerie à). Réunion de 5 opusc. en 1 vol. in-8, demi-rel. chag. v., non rog.

Recherches sur les premiers temps de l'imprimerie en Normandie, par **Frère**. 1829, 17 pp. — Etablissement de l'impr. à Rouen, par **Pottier**. 1836, 14 pp. — Recherches sur l'introduction de l'impr. à Rouen. (Sans nom d'auteur) s. d., 35 pp. — **Beaurepaire**. Discours (16 déc. 1880). 1882, 16 pp. — Souvenirs de l'exposition typographique de Rouen, par **Sauvage**. 1887, 32 pp.

699. **Rouen** (Imprimerie, librairie et papeterie à). Réunion de 5 brochures en 1 vol. in-8, demi-rel. chag., n. rog. lettres ajoutées.

Glanes historiques normandes à travers les XVe, XVIe, XVIIe et XVIIIe siècles, par Gosselin. 1869, 175 pp. — Souvenirs de l'exposition typographique de Rouen, par Sauvage. 1887, 25 pp. — L'Oison bridé ; lettres-patentes en faveur de la famille Lallemant. 1837, 27 pp. — Les anciens imprimeurs, par Félix. 1883, 15 pp. — Notice sur une croix funéraire de N.-D. de Bondeviller, par de Beaurepaire. 1892, 26 pp., fig.

700. **Claudin** (A.). Un Typographe rouennais oublié. Maître J.-G., imprimeur d'une édition de Commines, en 1525. PARIS, 1896, in-8, 18 pp. br., *pap. de Holl.* (8 *ex.*).

701. **Caen**. Catalogue des livres imprimés ou publiés à Caen avant le milieu du XVIe. Suivi de recherches sur les manuscrits et les libraires de la même ville, par Léop. Delisle. CAEN, 1904, 178 pp., 27 fac-simile, br. (*Tome second*).

702. **Claudin** (A.). Les origines de l'imprimerie à Saint-Lô en Normandie. PARIS, 1894, in-8, 38 pp., fac-simile, br. Papier de Holl. (*Tiré à 100 ex.*).

703. **Saint-Lo**. — **Travers**. Les Premiers imprimeurs de Saint-Lô. SAINT-LÔ, 1894, 20 pp. (2 *ex.*). — **Delisle**. L'imprimerie à Saint-Lô au XVIIe siècle. ST-LÔ, 1904, 19 pp. (2 *ex.*). Ens. 4 opusc. in-8, br.

704. **Dieppe** (Histoire de l'Imprimerie à), par l'abbé **Cochet**. DIEPPE, 1848, 44 pp. — **Sauvage**. Premiers libraires et imprimeurs Dieppois. ROUEN, 1891, 27 pp. (*cinq. exemplaires*). Ens. 6 opusc. in-8, br.

705. **Le Havre.** — **Quoist.** L'Imprimerie au Havre de 1670 à 1870. Le Havre, 1904, 94 pp. — **Martin.** Glanes historiques. Imprimerie au Havre, avant 1790. Havre, 1875. Ens. 2 opusc. in-8 et in-12, rel. et br.

706. **Alençon.** — **Despierres.** Etablissement d'Imprimeurs à Alencon de 1529 à 1575. Paris, 1894, 30 pp., 20 pl. fac-simile. — **Duval.** L'Imprimerie et la librairie à Alençon et dans le diocèse de Sées. Alençon, 1900, 100 pp., in-4 (*cinq exemplaires*). Ens. 6 opusc.

707. **Pluquet (Ad.).** Bibliographie du départ. de la Manche. Caen, 1873, in-8, XII et 400 pp., demi-rel. chag. brun, n. rog.

708. **Normandie** (Imprimerie en). 11 vol. ou broch. in-8, et in-4 et in-12.

> **Duval.** L'Imprimerie et la librairie à Alençon. Alençon, 1900. — **Lormier.** La Défense du Cid reproduite d'après l'imprimé de 1637. 1879. — **Delisle.** Guillaume de Jumièges. 1873. — **Frère.** L'Impr. en Normandie. 1829 (2 ex.). — **Frère.** L'Impr. à Rouen. 1843. — *Catalogue* de la bibliothèque de Rouen, belles-lettres. 1830, rel. — **Richard.** Notice sur Langlois. 1838. — **Delisle.** Alex. de Villedieu. 1894. — **Frère.** Académie des palinodes. — **Despierres.** Menuisiers, imagiers des XVIe et XVIIe siècles. 1892.

709. **Herluison (H.).** Recherches sur les imprimeurs et libraires d'Orléans, recueil de documents, pour servir à l'histoire de la typographie et de la librairie orléanaise, depuis le XIVe siècle jusqu'à nos jours. Orléans, 1868, in-8, 156, pp., vign., demi-rel. chag. vert, n. rog., couv.

> *Ouvrage tiré à 75 exemplaires.*

710. **Orléans** (Imprimerie, papeterie et calligraphie à). 3 opusc. en 1 vol. in-8, demi-rel. chagr., non rog.

> **Jarry.** Les Débuts de l'imprimerie à Orléans. 1884, 42 pp. — *L'Université* et la typographie (Orléans), exposition organisée par la Société archéologique. (1884), 94 pp., 1 pl. blason en coul., 1 eau-forte, 1 portr., 7 planches et vign. dans le texte. — **Houdas.** Les maîtres-écrivains Orléanais, étude d'histoire locale. 1863, 26 pp., 3 ouvr. en 1 vol. in-8, demi-rel. chag. brun, n. rog. Envois d'auteurs.

711. **Orléanais. Blaisois. Pays Chartrain.** 10 vol. ou opusc. in-8 et in-12, br.

> **Herluison.** Recherches sur les imprimeurs et libraires d'Orléans. 1868 (*tiré a 75 ex.*). — *Orléans.* L'Université et la typographie. 1885. — La Bibliothèque de Charles d'Orléans au château de Blois, par **Leroux de Lincy.** 1843. — **Porcher.** Notice sur les imprimeurs et libraires blésois du XVIe au XIXe siècle. 1895. — Catalogue des éditions de *Pibrac.* 1901 (lettres ajoutées). — **Durand.** Les Imprimeurs de Chartres depuis 1482 (*lettre ajoutée*). — **Langlois.** Le Missel de Chartres imprimé en 1482-1904. — **Langlois.** Le « Fonds d'Etat » de la bibliothèque de Chartres. 1904. — **Roux.** Liturgie chartraine. 1860. — **Stein.** La Papeterie d'Essonnes. 1895.

712. **Roux (M.).** Second fragment de l'histoire gén. et partic. du grand et vieux diocèse de Chartres. Liturgie gallicane chartraine (et origine de l'Imprimerie à Chartres). Chartres, 1860, in-8, 111 pp., demi-rel. chagr. bleu, n. rog.

713. **Rochambeau (Marquis de).** Les imprimeurs vendômois et leurs œuvres (1514-1881). Nouvelle édition illustrée du fac-simile de 3 grandes gravures du XVIe siècle. Paris. 1881, in-8, 56 pp., demi-rel. chagr. vert, non rog. (*Envoi et lettre de l'auteur ajoutées*).

714. **Claudin (A.).** Les Débuts de l'imprimerie à Poitiers. Les bulles d'indulgences de Saintes. Jean Bouyer Saintongeais. Paris, 1894, in-8, 20 pp., br., fac-simile. (*Tiré à 100 ex. — Cinq exemplaires*).

715. **Claudin (A.).** Origines et débuts de l'imprimerie à Poitiers. Bibliographie des premiers livres imprimés dans cette ville, 1479-1515, avec notes, commentaires et documents inédits. Paris, 1897, 2 vol. in-8, br., couv. (258 *fac-similes*).

716. Claudin (A.). Origines et débuts de l'imprimerie à Poitiers. Bibliographie des premiers livres imprimés dans cette ville, 1479-1515. Avec notes. — *Recueil de fac-similés* des premiers livres imprimés dans cette ville, spécimens de caractères, lettres ornées, filigrane des papiers. PARIS, CLAUDIN, 1897, 2 vol. in-8, fac-similes, brochés.

> Onze exemplaires. Tiré à 200 exemplaires.

717. Claudin (A.). Les Origines et les débuts de l'imprimerie à Poitiers (Nouvelles recherches). PARIS, *Claudin*, 1898, in-8, 24 pp., br. (12 *ex. pap. de Holl.*, 26 *pap. ord.*).

718. Claudin (A.). Bibliographie par ordre chronolog. des premiers livres imprimés à Poitiers (1479-1515), pour servir de suite aux origines et débuts de l'Impr. à Poitiers. PARIS, *Claudin*, 1897, in-8, LXXVI pages, br. (19 *ex.*).

719. Clouzot (H.). Notes pour servir à l'histoire de l'imprimerie à Niort et dans les Deux-Sèvres. NIORT, 1891, in-8, 111 et 165 pp., papier de Holl., demi-rel. chag. rouge, n. rog., couv. (2 *lettres de l'auteur ajoutées*).

> On a relié à la fin : L'Imprimerie à Thouars par de **La Bouralière**. 1892, 7 pp.

720. Poitou. Angoumois. Aunis. Saintonge. 17 vol. ou opusc., in-8, br.

> **Claudin.** Origines et débuts de l'imprimerie à Poitiers. 1897, 2 vol. dont un de fac-similes. — **Claudin.** Bibliographie des livres imprimés à Poitiers. 1897. Nouvelles recherches. 1898. — **De La Bouralière.** L'Imprimerie et la Librairie à Poitiers pendant le XVIe siècle. 1900. — Les Débuts de l'imprimerie à Poitiers. 1893. — **Farault.** Bibliographie des livres édités par Clouzot. 1905. — **Clouzot.** L'Imprimerie en Bas-Poitou. 1895, (2 *ex.*). — Les Premiers imprimeurs et libraires de Saint-Jean-d'Angély. 1895, (2 *ex.*). — L'Impr. à Niort. 1905. — Gautier et ses paysans. — TOURLET, impr. à Thouars, 1899. — **Bourloton.** Origine de l'impr. à Poitiers. 1897. — **Castaigne.** Essai d'une bibliothèque hist. de l'Angoumois. 1827.

721. Bory (J.-T.). Les Origines de l'imprimerie à Marseille, recherches historiques. MARSEILLE, 1858, in-8, 177 pp., demi-rel. avec coins de maroq. brun, tête dor., n. rog. (*Papier de Holl., tiré à 100 ex.*).

722. Desbarreaux-Bernard. Catalogue des incunables de la Bibliothèque de Toulouse TOULOUSE, 1878, in-8, 25 pl. de repr. filigranes, 25 pl. de reprod. typogr. ; demi-rel. maroq. bl., n. rog.

> Envoi d'auteur et une lettre autographe s. à M. Claudin.

723. Claudin (A.). Les origines de l'imprimerie à Sisteron, en Provence. (1513). Les pérignations d'un imprimeur. (1507-1513). PARIS, 1894, in-8, fac-simile, 24 pp., br. (3 *ex.*).

724. Provence (Imprimerie-Bibliographie). 5 vol. ou opusc. in-8, br.

> Lettres du Dr Eric Olimbarius sur les bibliothèques provençales. 1862, (tiré à 40 ex.). — **Henricy.** Origine de l'impr. en Provence. — **De Crozet.** Quelques mots sur les bibliothèques marseillaises. 1872. — **Lixan.** Bibliographie générale des Alpes-Maritimes. 1900. — **Bousquet.** Un mot sur quelques bibliothèques particulières de Marseille. 1851, in-4.

725. Roussillon. Comté de Foix. L'Imprimerie à Perpignan-Rosembach. 1493-1530. Etude historique par Comet. 1896, in-8, fac-simile. — **Lafont de Sentenac.** Les Débuts de l'imprimerie dans le Comté de Foix. 1899, in-8 de 51 pp., lettre ajoutée, ens. 2 br. in-8.

726. Audiat (L.). Essai sur l'imprimerie en Saintonge et en Aunis. PONS, 1879, in-8, 209 pp., vig., demi-rel. chag. bleu, tête dor., n. rog., couv.

> *Papier vergé.* Tiré à 25 exemplaires.

727. **Clément de Ris** (Le Comte). La Typographie en Touraine (1467-1830). PARIS, 1878, in-8, 114 pp., demi-rel. chagr., non rog.
   Exemplaire interfolié de papier blanc. Quelques notes à l'encre.

728. **Touraine. Berri. Bourbonnais.** 7 vol. in-8 et in-12, br. et rel.
   Catalogue de la bibliothèque de Tours (histoire). 1891-93, 3 vol. — **Baudrier.** A propos du livre du Dr Giraudet sur l'origine de l'impr. à Tours. 1883. — **Quirielle.** Bio-bibliographie des écrivains de l'ancien Bourbonnais. 1899. — **Tourlet.** Contribution à l'histoire de l'impr. à Loudun et Châtellerault. 1900 (3 ex.). — *Recherches* bibliogr. sur les éditions rares des 15e et 16e siècles de la bibliothèque de Moulins. S. d.

729. **Dumoulin** (Maurice). Catalogue des incunables de la bibliothèque de Roanne. PARIS, 1900, in-8, 63 pp., demi-rel. chag. bleu. Envoi d'auteur.

VII. FRANCE (Bibliographie de la) et Supplément Impressions

730. **Bibliographia gallica universalis**, hoc est, catalogus omnium librorum, per universum Galliæ regnum, anno 1651-1652-1653 excursorum (par Louis Jacob). PARISIIS, 1652-1654, 2 part. en 1 vol. in-4, vélin.

731. **Maittaire.** Annales typographici. HAGÆ-COM, 1719-25, 3 tom. en 5 vol., vél. de Holl. (3 ex. dont 1 en grand pap. dont le T. I est en pap. ord. — Le même. AMST., 1732, 4 tom. en 2 vol. vél. de Holl. (*Tome I et III*). — Le même. LONDINI, 1741, in-4, vél. Holl., 2 tom. en 1 vol. (*T*. V). — **Denis.** Annalium typographorum M. Maittaire Supplementum. VIENNÆ, 1789, 2 t. en 1 vol. in-4, v. (*T*. I). — Ens. 19 vol. in-4, rel.

732. **Debure** (G.-F.). Bibliographie instructive ou traité de la connoissance des livres rares. PARIS, 1763-78, 7 vol. in-8, v. *On y a ajouté* :
   Magné de Marolles. Manuel bibliographique ou Catalogue rais. des livres rares et singuliers, etc. PARIS, 1777, in-4, manuscrit de 193 pp., demi-rel. chag. rouge, n. rog. (*Notes manuscrites de la main de Brunet sur la garde*). **Fournier.** Nouveau D^{re} portat. de bibliographie. PARIS, 1809. — **Cailleau.** D^{re} bibliographique, PARIS, 1791, 3 vol. — **La Serna santander.** D^{re} bibliographique choisi du XVe siècle. BRUXELLES. 1807, 3 vol. — **Boulard.** Traité élémentaire de bibliographie. 1804, 1 vol.

733. **Bibliographie.** 11 vol. in-8, rel.
   Analectabiblion ou extraits de divers livres rares oubliés (par **Du Roure**). 1836, 2 vol. — Nouv. bibliothèque d'un homme de goût, par **Des Essarts.** 1798, 4 vol., portr. — Catalogue de la bibliothèque poétique de **Viollet-le-Duc.** 1843. — D^{re} bibliographique ou Manuel de l'amateur de livres (par **Psaume**). 1824, 2 vol. (2 *exempl.*).

734. **Bibliographie.** 10 vol. in-8, rel.
   (**Duclos et Brunet**). Dictionnaire bibliographique, hist. et crit. des livres rares. 1790-1802, 4 vol. (2 *exemplaires*). — **Desessarts.** Nouveau dict. bibliographique. An VIII, 1 vol. — **Ravier.** Répertoire de librairie. 1807, 1 vol.

735. **Peignot** (G.). Dictionnaire raisonné de bibliologie. PARIS, 1802-1804, 3 vol. in-8, demi-rel. chag. br.

736. **Peignot** (Gabr.). Manuel du bibliophile. 1823, 2 vol. — Dict. critique des livres condamnés au feu. 1806, (2 *ex.*). — Dict. de bibliologie. 1802-1804, 3 vol. — Répertoire bibliographique. 1812, (2 *ex.*). — **Simonnet.** Essai sur la vie de G. Peignot. 1863, 1 vol., (3 *ex.*). — Catalogue des ouvrages imprimés par G. P. 1861. — Catalogue des livres de la bibliothèque de G. P., 1852. Ens. 14 vol. in-8, demi-rel. et br.

737. **Delisle** (Léop.). Mélanges de paléographie et de bibliographie. PARIS, 1880, in-8, XI-505 pp., br.

738. **Chevalier** (Ul.). Répertoire des sources hist. du Moyen Age, bio-bibliographie. PARIS, 1877-83, 2 vol. gr. in-8, rel. et br., couv. de liv. servant de titre au tome I.

378 *bis* **Migne.** Dictionnaire de bibliographie et de bibliologie (supplément). PARIS, 1866, gr. in-8, br.

739. **Brunet et Deschamps**. Manuel du libraire et de l'amateur de livres. *Supplément* : 1º Un complément du Dictionnaire bibliographique de M. J.-Ch. Brunet. 2º Table rais. des articles au nombre d'environ 10.000, décrits au présent supplément. PARIS, *Didot*, 1878, 2 vol. in-8, br., couv. impr.

740. **(Deschamps)**. Dictionnaire de géographie ancienne et moderne à l'usage du libraire et de l'amateur de livres. PARIS, 1870, in-8, 1591 pp., demi-rel. maroq. bl., tête dor., non rog.

741. **Proctor** (R.). The printing of Greek in the fifteenth century. OXFORD, 1900, in-4, pap. de Holl., demi-rel. chag. vert, n. rog.

742. **Proctor** (R.). An index to the early printed books in the British Museum : from the invention of printing to the year M.D. With notes of those in the Bodleian library (Germany. Switzerland. France. Holland. Spain). LONDON, 1898, 4 parties en 2 vol., demi-rel. chag., n. rog., couv. — Part. II. MDI-MDXX, section I. Germany. LONDON, 1903, in-4, br. — Index to the early printed books. Supplement for. 1899, gr. in-8, demi-rel. chag., n. rog. — Ens. 4 vol. gr. in-8, br. et rel.

743. **Copinger** (W. A.). Supplement to Hain's Repertorium bibliographicum. LONDON, 1902, 1 vol. — Appendices ad Hainii Copingeri. Repertorium bibliographicum additiones et emendationes, edidit Dietericus Reichling. MONACHII, 1905-1907, (fasc. 1-2-3), in-8, br. (On y a joint les fasc. 2 et 3).

744. **Pellechet** (Mlle). Catalogue général des Incunables des bibliothèques publiques de France. PARIS, 1897-1905, 2 vol. in-8, le tome I, demi-rel. chag. brun, n. rog., le second br. (*Lettres ajoutées*).

On y a joint : le Catalogue des incunables de la biblioth. de *Dijon*. 1886, 173 pp. — Alphabet des imprimeurs du XVe siècle avec fac-similes. 1893, in-8, VIII pp. — Jacques de Voragine. 1895.

745. **Catalogue des livres imprimés sur vélin** de la bibliothèque du Roi, 6 vol. — Catalogue des livres imprimés sur vélin qui se trouvent dans des bibliothèques tant publiques que particulières (par **Van Praet**), 4 vol. PARIS, 1822-28. Ens. 10 vol. in-8, br.

On y a joint : Inventaire alphabétique des livres imprimés sur vélin de la Bibliothèque Nationale. PARIS, 1877, 1 vol. in-8, demi-rel. toile.

746. **Bibliothèque Nationale**. 36 opusc. in-8, br. et rel.

Mémoire sur la Bibliothèque royale. 1835. — Rapports sur le service des Archives de la Bibliothèque nat. 1876. — **Laborde**. De l'organisation des bibliothèques. 2 br. — La Bibliothèque du Roi, par **Desnoyers**. — **Labrouste**. La Bibliothèque Nat. 1885. — La Bibliothèque Royale, par **Naudet**. — La Bibliothèque Imp., par un bibliophile. 1862. — Rapports et décrets — **L. Delisle**. Notes sur le départ. des imprimés. Sept. 1891. — Inventaire des manuscrits, fonds de Cluni. 1884 ; etc.

747. **Bibliothèque Nationale**. Ens. 10 ouvr. en 14 vol. in-4, in-8 et in-12, rel. et br.

Catalogue des sciences médicales. 1857-1873, 2 vol. in-4, demi-rel. avec coins de maroq. rouge. — Manuscrits latins et français ajoutés au fond des nouvelles acquisitions pendant les années 1875-1891. par Léopold **Delisle**. 1891, 2 vol. in-8, br. — Inventaire gén. et méthod. des manuscrits français (tome 2, Jurisprudence 1878). Fonds de Cluni, 1 vol. par Léopold **Delisle**. 1884. — Catalogue gén. des livres imprimés de la Bibliothèque Nationale (Tome I). 1897, 1 vol. — **Omont**. Nouvelles acquisitions du dépt. des manuscrits pendant les années 1892-1893. 1 vol. — **Omont**. Inventaire sommaire des portefeuille de Fontanieu. 1898. — **Feuillet de Conches**. Réponse à une incroyable attaque de la Bibliothèque Nationale touch. une lettre de Montaigne. 1851. — **Paris**. Essai hist. sur la bibliothèque du Roi. 1856, 1 vol. — **Franklin**. La Bibliothèque Imp., son organisation, son catalogue. 1861, 1 vol. (pap. Holl.). — *Essai historique* sur la bibliothèque du Roi. 1782, in-12 (2 *ex*.).

748. **Catalogues de Bibliothèques de l'Etat**. 9 tomes en 8 vol. in-8, br. et cart.

Catalogue des livres de la bibliothèque du *Conseil d'Etat*. An XI, 2 tom. en 1 vol. — Catalogue des livres de Géographie et de Voyages de la bibliothèque du dép. de la **Marine** et des **Colonies**. 1838-39, 5 vol. — Catalogue des livres de l'anc. bibliothèque du Louvre fait en 1373, par G. Mallet 1836, 1 vol. — **Barrois**. Bibliothèque protypographique ou librairie des fils du Roi Jean. 1830, in-4, rel. ; fig.

749. **Archives Nationales.** Inventaire sommaire et tableau méthod. des fonds conservés aux Archives Nationales. (1re partie régime antérieur à 1789). Paris, 1871, in-4, demi-rel. maroq. vert, tête dor., n. rog.

   On y a joint : *Musée des Archives Nationales.* Documents originaux de l'histoire de France. Ouvrage enrichi de 1200 fac-simile des Autographes les plus importants depuis l'époque mérovingienne jusqu'à la Révolution.

750. **Pellechet** (Mlle). Catalogue des incunables de la bibliothèque Sainte-Geneviève, rédigé par Daunou. Paris, 1892, in-8, XXVIII et 310 pp., demi-rel. chag. brun, n. rog.,couv. — Catalogue des incunables de la Bibliothèque de l'Université de Paris, par Chatelain. Paris, 1902, in-8, pap. de Holl., br. Ens. 2 vol. in-8, br. et rel.

751. **Catalogue** des incunables de la bibliothèque Mazarine, par P. Marais et Dufresne de Saint-Léon. Paris, 1893, in-8, VIII et 811 pp., demi-rel. chagr. r., couv.

   On y a ajouté un article de Léop. Delisle sur cet ouvrage, 58 pp. et un supplément, additions et corrections. 1898, br. — **Martin.** Incunables de Bibliothèque privée. 1898. (*Lettres ajoutées*).

752. **Alès** (A.). Description des livres de liturgie imprimés aux XVe et XVIe siècles, faisant partie de la bibliothèque de Mgr Louis de Bourbon (Comte de Villafranca). Paris, 1878, in-8, 558 et 46 pp., demi-rel. maroq. vert, tête dor., n. rog., couv.

   Papier de Hollande. Tiré à 150 exemplaires, lettre ajoutée.

753. **Bibliothèques** (Reunion de 6 vol. in-8, br. et rel. sur les).

   Franklin. Histoire de la bibliothèque de l'abbaye de Saint-Victor. 1865, (2 *ex. sur papier de Chine*). — **Franklin.** Recherches sur la bibliothèque de l'église N.-D. de Paris au XIIIe siècle. 1863, (*pap. vergé*). — **Letertre.** Notices bibl. sur les livres latins de la bibl. de Coutances. 1846. — **Nodier.** Bibliothèque sacrée grecque-latine. 1826. — *Bibliothèque* de l'ordre du Saint-Sépulcre de Jérusalem. S. d.

754. **Bibliothèque** des écrivains de la Compagnie de Jésus, ou notices bibliographiques, 1° de tous les ouvrages publ. par les membres de la Compagnie de Jésus, depuis la fondation de l'ordre jusqu'à nos jours ; 2° des Apologies, des controverses religieuses, des critiques littéraires et scientifiques, suscitées à leur sujet, par Aug. et Alois de Backer. Liège, 1853-1861, 7 vol. gr. in-8, demi-rel. avec coins de maroq. vert, tête dor., non rog.

   Exemplaire interfolié de papier blanc.

755. **Quérard et Bourquelot.** La Littérature française contemporaine, 1827-1849. Continuation de la France littéraire. Dictionnaire bibliographique avec notes hist. et littér. Paris, 1842-1857, 6 vol. in-8 ; demi-rel. v. br.

756. **Quérard** (J.-M.). Les Supercheries littéraires dévoilées, seconde édition augm., publ. par G. Brunet et P. Jannet. Paris, 1869, 3 vol. in-8, demi-rel. chagr. bl., tête dor., non rog. — Livres à clef, publ. par G. Brunet. Bordeaux, 1873, in-8, pap. vergé, br. (*T. I*).

757. **Barbier** (M.). Dictionnaire des ouvrages anonymes et pseudonymes comp., trad. ou publ. en français et en latin, avec les noms d'auteurs traducteurs et éditeurs. Paris, 1822-27, 4 tom. en 8 vol. in-8, demi-rel., dos et coins de v. fauve, tête dor., non rog.

   Exemplaire interfolié de papier blanc, portrait ajouté.

758. **Bibliographie.** — **Barbier.** Dictionnaire des ouvrages anonymes et pseudonymes. 1806, 2 vol. (première édition). — **Le même** ouvrage, deuxième édition. 1822-27, 4 vol. — **De Manne.** Nouveau recueil d'ouvrages anonymes et pseudonymes. 1834, 1 vol. (2 ex.). — **Quérard.** Les auteurs déguisés de la litt. française au XIXe siècle. 1845, 1 vol. Paris, 1806-45. — Ens. 9 vol. in-8, rel. et br.

759. **Weller** (E.).Dictionnaire des ouvrages français port. de fausses indications de lieux d'impression, et des imprimeurs dep. le XVIe siècle jusqu'aux temps modernes. LEIPZIG, 1864, in-8, 309 pp., demi-rel. br., non rog. (*Tome II seul*).

760. **Brunet** (Gustave). Imprimeurs imaginaires et libraires supposés. Etude bibliographique, suivie de recherches sur quelques ouvrages imprimés avec des indications fictives de lieux ou avec des dates singulières. PARIS, 1866, in-8, 290 pp., demi-rel. avec coins de maroq. orange, tête dor., n. rog.

   Exemplaire en *papier de Hollande* interfolié de papier blanc.

761. **Carrère** (J.-B.-F.). Catalogue raisonné des ouvrages qui ont été publiés sur les eaux minérales en général et sur celles de la France en particulier. PARIS, 1785, in-4, VIII et 584 pp., cart., non rog.

762. **Pauly** (A.). Bibliographie des sciences médicales, bibliographie. Biographie, histoire épidémies, topographies, endémies. PARIS, 1874, in-8, XX-1758 pp., 72 pp. n. chiff. pour la table, demi-rel. maroq. br., tête dor., non rog.

   762 bis **Chereau**. Journalisme médical français, suivi d'une bibliographie. 1867, (3 ex.). — **Chereau**. Notice sur l'origine de la bibliothèque de la Faculté de Médecine de Paris. 1878. *Paris*, 1867-1902. Ens. 5 broch. in-8.

763. **Vinet** (Ernest). Bibliographie méthodique et rais. des Beaux-Arts. PARIS, 1874-77 (Livr. 1 et 2), in-8, pap. de Holl., br. (*Tout ce qui a paru*).

764. **Cohen** (H.). Guide de l'amateur de livres à vignettes (et à figures) du XVIIIe siècle. Quatrième édition, revue, etc. PARIS, 1880, in-8, demi-rel. chagr. rouge, non rog.

   On y a joint : **Crottet**. Supplément à la 5e édition. 1890, gr. in-8 br.

765. **Brivois** (J.). Bibliographie des ouvrages illustrés du XIXe siècle, princip. des livres à gravures sur bois. PARIS, 1883, in-8, pap. vergé, demi-rel., chag. rouge, non rog.

766. **Tardieu** (A.). Dict. iconographique des Parisiens, c'est-à-dire liste gén. des personnes nées à Paris, dont il existe des portraits gravés et lith. HERMENT, 1885, in-8, portr., br.

767. **Lacombe**. Essai d'une bibliographie des ouvrages rel. à l'histoire religieuse de Paris pendant la Révolution (1789-1802). PARIS, 1884, in-8, br. (*Tiré à 100 exemplaires sur papier de Hollande*).

768. **Bonnaffé** (Ed.). Le Catalogue de Brienne (1662), annoté par Ed. B. PARIS, 1873, in-12, 41 pp., pap. de Holl., demi-rel. avec coins de chag. rouge, tête dor. (Envoi d'auteur, billet aut. ajouté).

769. **Derome** (L.). Causeries d'un ami des livres, les *Editions* originales des romantiques. PARIS, (1887), 2 parties en 1 vol. in-8, pap. vergé de Holl., demi-rel. bas., n. rog.

770. **Derome** (L.). Causeries d'un ami des livres. *Les Editions originales des romantiques*. PARIS, (1887), 2 vol. in-8, br., couv. Papier vergé de Holl. (*Envoi d'auteur*).

771. **Thierry**. Bibliographie Italico-Normande, cont. une bibliothèque des ouvrages relatifs aux relations des deux pays, etc., comp. par des auteurs normands. PARIS, 1864, in-8 de 80 p., ch., br. (*Deux exempl.*).

772. **Champier** (V.). Les Anciens almanachs illustrés, histoire du calendrier depuis les temps anciens jusqu'à nos jours. PARIS, 1886, in-fol., en ff. dans un carton.

   Ouvrage accompagné de 50 planches hors texte en noir et en couleur, reproduisant les principaux almanachs illustrés ou gravés.

773. **Cherrier** (H.). Bibliographie de Mathurin Regnier. Paris, 1884, in-12, IV et 56 pp., demi-rel. chagr., tête dor., non rog. (*Thierry*).

Avec un exemplaire cartonné en double.

774. **Picot**. Bibliographie Cornélienne ou description raisonnée de toutes les éditions des œuvres de Pierre Corneille, des imitations ou traductions qui en ont été faites et des ouvrages relatifs à Corneille et à ses écrits. Paris, 1876, in-8, portr., pap. de Holl., br.

775. **Lacroix** (Paul). Bibliographie et iconographie de tous les ouvrages de Restif de la Bretonne, compr. la description rais. des éditions originales, des réimpressions..... avec des notes hist. Paris, 1875, in-8, portr., *pap. de Holl.*, demi-rel. avec coins de mar. r., tête dor., non rog. (*Bertrand*).

776. **Lacroix** (E.). Bibliographie moliéresque, seconde édition augm., 1 vol. — *Iconographie moliéresque*, seconde édition. Paris, 1875-76, 1 vol. — Ens. 2 vol. in-8, br., couv.

Papier de Hollande, portrait et front. à l'eau-forte.

776 bis. **Lacroix** (P.). Bibliographie moliéresque, seconde édition augm. Paris, 1875 in-, portr., pap. de Holl., demi-rel., dos et coins de mar. r., tête dor., n. rog. (*Dupré*)

777. **Lachèvre** (Fréd.). Bibliographie des recueils collectifs de poésies, publiés de 1597 à 1700. Paris, 1901-1905, 4 vol. in-4, brochés, couv.

777 bis. **La Plane** (de). Notices bibliographiques sur deux ouvrages imprimés dans le XVe siècle et intitulés : l'un Breviarum in Codicem, par Jean Lefèvre et l'autre Faciculus Temporum. Paris, 1845, in-8, XII et 206 pp., demi-rel. bas. (*Curieuse note de M. Claudin sur la garde*).

778. **Bibliophilie.** — **Fertiault**. Les Amoureux du Livre, eaux-fortes par Chevrier. 1877, pap. de Holl. 16 eaux-fortes ajoutées. — **Bonneau**. Curiosa. 1887. — **Quérard**. Livres perdus et exemplaires uniques. 1872. — **Blades**. Les livres et leurs ennemis, 1883 (2 ex.). — **Jacob**. Les Amateurs de vieux livres. 1880. — La Bibliomanie en 1878, par Ph. Junoir. — **Rouveyre**. Connaissances nécessaires aux bibliophiles. 1883, 2 vol. — Mes livres, 1864-1874 (par Quentin Beauchart). 1877. Paris, 1872-73. — Ens. 11 vol. in-8, br., couv.

779. **Bibliographies spéciales.** — **Lacombe**. Bibliographie des travaux de M. Léop. Delisle. Paris, 1902. — **Delalain**. Essai de bibliographie de l'histoire de l'imprimerie et de la librairie en France. 1903. — **Cercle de la Librairie**. Catalogue de la bibliothèque technique. 1887 et 1894. — Catalogue de pièces curieuses ou d'édits, lettres-patentes, règlements, etc., cédées au Cercle de la Librairie par Merlin. 1864. — **Vicaire**. Bibliographie des publications du Baron Pichon. 1892. — Ens. 2 vol. et 4 broch. in-8.

780. **Bibliographies spéciales.** 12 vol. et opusc. in-8 et in-12, rel. et br.

Brivois. Bibliographie de l'œuvre de Béranger. Paris, 1876, demi-rel. chag. brun. (*Papier de Hollande*). — Editions originales de Victor Hugo, par un bibliophile Cévénal. Alais, 1880. — Courcel. Mémoire historique sur le Mercure de France. 1903. — Guigard. Indicateur du Mercure de France. 1869. — Després. Bibliographie des livres de Fables de La Fontaine illustrées. 1892. — Cordier. Bibliographie des œuvres de Beaumarchais. 1883. — Harisse. Bibliographie de Manon Lescaut. 1875. — Darin. Notice bibliographique sur les dix éditions des œuvres diverses de Rousseau. 1897. — Marcheville. Bibliographie des œuvres de Regnard. 1878. — Advielle. La Bibliothèque de Napoléon à Sainte-Hélène. 1894. — Dangeau. Bibliographie de Montesquieu. 1874. — Barbier. Notice bibliographique des éditions de Rousseau. 1836. — Asselineau. Bibliographie romantique. 2e édition. 1872, 1 vol.

781. **Bibliographies spéciales.** 7 ouvr. en 8 vol. in-8, br.

Renouard. Bibliographie des éditions de Simon de Colines. 1520-1546, avec 37 fac-similé. Paris, 1894 (*Envoi d'auteur et lettre ajoutée*). — Duplessis. Les Emblèmes d'Alciat. Paris, 1884. — Daux.

Deux livres choraux monastiques des Xe et XIe siècles. PARIS, 1899, avec fac-similes. — **Duc de Rivoli**. A propos d'un livre à figures vénitien de la fin du XVe siècle. 1886, figures. — **Vinet**. Bibliographie raisonnée des Beaux-Arts. 1874 (2 part.). — **Dezeimeris**. Etude bibliographique sur une version peu connue des Moralia de Plutarque. 1904. — **Gaidoz**. Bibliographie des traditions et de la littérature populaire en Bretagne. 1882.

782. **Bibliographies spéciales**. — **Bourseaud**. Histoire et description des manuscrits et des éditions orig. des ouvrages de Bossuet. SAINTES, 1897, XXVII et 232 pp. (*pap. de Hollande*). — **Harrisse**. Le Président de Thou et ses descendants, leur célèbre bibliothèque, leurs armoiries, etc. PARIS, 1905, in-8, 276 pp. et 6 pl. (*Envoi d'auteur*). — Ens. 2 vol. in-8, br.

783. **Bibliographies spéciales**. 10 vol. ou opusc. in-8 et in-4, br. et rel.

Percheron. Bibliographie entomologique. 1837, 2 vol. — **Tarin**. Dict. anatomique suivi d'une bibliothèque anat. et psychologique. 1753, in-4. — **Zurchold**. Bibliotheca chemica (1840-58). 1859, 1 vol. — **Engelmann**. Bibliotheca chemica. 1838 et 1868, 2 vol. — **Ruprecht**. Bibliotheca chemica. 1858-70, 1 vol. — **Dupin**. Bibliographie de plusieurs livres de Jurisprudence. 1820, (3 ex.).

784. **Vigeant**. Bibliographie de l'Escrime. 1882, 1 vol. — Iconographie du Général Boulanger. 1890, 1 vol. — Annuaires militaires au XVIIIe siècle, par **Champion**. 1901, 1 broch. — Ens. 3 ouvr. in-8, br.

785. **Souhart**. Bibliographie gén. des ouvrages sur la chasse, la vénerie et la fauconnerie. PARIS, 1886, in-8, br. (*Deux exemplaires*).

786. **Bibliographie** (Réunion de 14 vol. ou brochures sur la). In-8, br.

Bibliographie des ouvrages relatifs à l'amour par le C. d'I. 1864. — L'auteur des XV Joyes de mariage. 1903. — **Alkan**. Un volume sorti des presses de Didot. 1866. — Essai sur la conservation de bibliothèques. S. d. — **Germond de Lavigne**. Les Deux Don Quichotte. 1852. — **Fage**. Les Œuvre de Baluze. 1882. — Suppl. au Viandier de Taillevent, par Pichon et Vicaire. — **Laporte**. La Bibliographie Jaune. 1880, (3 ex.). — **Didot**. Livres à figures sur bois. 1867. — **Aumerle**. La Dermotypotemnie 1867. — Bibliographie des sociétés savantes, 1re partie. 1878. — Bibliotheca scatologica. 1850, in-8 vign. s. le titre, br.

787. **Curiosités bibliographiques**. Réunion de 7 vol. in-12, br., couv.

Lacroix. Mélanges bibliographiques. 1871, (2 ex., Papier de Chine). — **Tricotel**. Variétés bibliographiques. 1863. — La *Curiosité* litt. et bibliographique (1re série). 1880. — **Labessade**. L'amour du livre. 1904. — **Dureau**. Notes bibliographiques. 1866. — Essai satirique sur les vignettes, fleurons et autres ornements des livres. 1873.

788. **Bibliographie**. 18 opusc. in-8, br.

Joly. Deux livres rarissimes. 1870. — **De Manne**. Retouches au D^{re} des ouv. anonymes. 1862. — Bibliographie de Marivaux (par P. Malassis). 1876. — **Delisle**. Psautier d'Ingeburge. 1867. — Liste des écrits imp. de M. de Dumast. — **Mohr**. De la Bibliographie des Ana. 1882. — **Bengesco**. Notice bibliog. sur les principaux écrits de Voltaire. 1882. — **Desbarreaux-Bernard**. La marque des cinq plaies et autres broch. par Hatin, Bonnange, Fournier, Girault, Albert, Hubaud, d'Anville, Alkan, etc.

789. **Bibliographie. Biographie**, etc. 29 opusc. in-8, br.

Arnauldet. Attavante. 1899. — **Aumerle**. Les Psaumes de la pénitence. 1857. — **Brunet**. Légende du prêtre Jean. 1877. — **Picot**. Pierre Gringore. 1882. — **Tourneux**. Bibliothèque Grimm. 1882. — **Desbarreaux-Bernard**. Chasse aux Incunables. 1864. — **G. Brunet**. Du prix des livres. 1895. — L'apprentissage des imprimeurs et des relieurs au XVIIIe s., par L. Morin. 1895. — **Enschedé**. Et. Roger. HARLEM, s. d. — Anatomie des signatures par D. Bernard. S. d. — Les très anc. manuscrits du fond Libri dans les Coll. d'Ashburnham Palace par L. Delisle. 1883.

790. **Bulletin du bibliophile** et du bibliothécaire. Revue mensuelle publ. par L. Téchener, avec notes par Brunet, Duplessis, Peignot, Nodier, etc., de l'origine 1834 à 1865. 30 vol. in-8, demi-rel. veau fauve, dos ornés, non rog.

On y a joint les années 1866 à 1905 en livraisons, plusieurs sont incomplètes.

791. **Bibliophile illustré** (Le), texte et gravures par Berjeau, avec la collaboration de Paul Lacroix, Brunet, Holtrop, Inglis, Bernard, etc. LONDRES, 1862, gr. in-8, nombr. fac-similes de livres gothiques, marques d'impr., etc., rel. (2 ex.).

792. **Bibliophile français** (Le), revue mensuelle des livres anciens et modernes, publ. par Bachelin-Deflorenne. 1862 à 1866, 2 vol. demi-rel. — **L'Ami des livres**, revue mensuelle des ventes et des bibliothèques, publié par Muffat. 1859 à 1863, 2 vol., rel. — **Le Chasseur bibliographe**, publié par François. 1862, 2 vol. (2 ex., 1 br. et 1 rel.). — **La Chasse** aux bibliographes et antiquaires mal-advisés (par l'abbé Rives) 1789, (tome 1, 1re partie, tome 2, 1re partie, 3 ex.), br. — Ens. 13 vol. in-8, rel. et br.

793. **Bibliophile français** (Le). Gazette illustrée des amateurs de livres, d'estampes et de haute curiosité. PARIS, *Bachelin-Deflorenne*, 1868-1873, 7 vol. gr. in-8, br., couv.

Papier vergé des Vosges. Publication contenant des portraits de bibliophiles célèbres, des reliures artistiques, des blasons, des marques typographiques et ex-libris, etc.

794. **Moniteur du Bibliophile**. Gazette littéraire, anecdotique et curieuse. Directeur : J. Noriac rédacteur en chef : A. Heulhard,(du n° 1, 1er mars 1878,au 1er février 1881). PARIS, 1878-81, 3 vol. in-4, demi-rel. chag. rouge, tête dor., n. rog., couv. (*Collection complète*).

On y a ajouté : Mémoire sur les vexations qu'exercent les libraires et imprimeurs de Paris, d'après le mss. de 1725, publ. par Faucou. 1879, in-4 br.

795. **Bibliographie des travaux** historiques et archéologiques publ. par les sociétés savantes de la France, par de Lasteyrie, Lefèvre-Pontalis et Bougenot. PARIS, *Impr. Nat.*, 1888-96, 3 vol. in-4, les deux premiers cart., le 3e broch.

796. **Bibliographe moderne** (Le). Courrier international des Archives et des bibliothèques, publ. sous la direction de H. Stein (de la 1re année Janvier 1897 à Déc. 1904). 8 années en fasc.

797. **Paris** (Librairie à). 16 vol. ou brochures in-8, br.

Delalain. Étude sur le libraire parisien du XIIIe au XVe siècle. 1881 (2 ex.). — **Pichon et Vicaire.** Documents pour servir à l'hist. des libraires de Paris 1486-1600. 1895, fig., fac-similés. — **Alkan.** Notice sur Silvestre. 1868. — **Cartier.** Le libraire Jean Morin. 1889. — **Hébrard**. De la Librairie. 1847. — **Delisle**. Le Libraire Egmont Renouard. Documents sur les Petits Libraires. 1896. — **Omont.** Catalogue des éditions Denys Janot. 1899. — **Wiggishoff.** Imprimeurs et libraires parisiens (1470-1600) 1900. — **Alkan.** Documents pour servir à l'hist. de la Librairie parisienne. 1879. — Hommage à M. A. Claudin. 28 févr. 1903. — Arrest du Conseil d'État qui exempte de tous droits les livres venant de l'étranger. (1775). — Arrest du 1778 portant règlement sur les privilèges en librairie. — Procès-verbal de ce qui s'est passé au parlement le 30 août 1777 concernant la librairie.

798. **Bibliographie**. 8 vol. in-8, in-12 et in-18, br. et rel.

Duchesne. Bibliothèque des Autheurs qui ont escrit l'histoire et la topogr. de la France. PARIS, 1627, in-8. — **Lalanne et Bordier**. Dre de pièces autographes volées dans les biblioth. 1851-53, in-8. — La Bibliothèque choisie de M. Colomies. PARIS, 1731, in-12. — Catal. Impr. Jouaust. 1867. — Catalogue complet des Républiques imprimées en Holl. 1854. — Catalogue vente **Rochebilière**. 2 vol. 1882-84, pap. de Hollande (*plus la première partie avec prix rel.*).

799. **Bibliotheca scatologica** ou catalogue raisonné des livres traitant des vertus, faits et gestes de très noble et très ingénieux messire Luc (à rebours), seigneur de la chaise et autres lieux... disposé dans l'ordre des lettres K. P. Q.(par Payen,Jannet et Veinant). SCATOPOLIS, 5850, in-8, demi-rel., dos et coins de maroq. br., n. rog.

Exemplaire sur *Papier vélin de couleur* (*Scatochrome*).

---

800. **Provinces de France** (Impressions des villes des). 45 vol. in-8 et in-12, rel. et br.

1. **Angoulême.** Lettre d'un gentil-homme escrite à son amy, sur ce qui s'est passé en la deffaite des troupes cond. par le duc de Montmorency en Languedoc. ANGOULÊME, *Jac. Mauclaire imprimeur*, 1632, in-8, 8 p. ch.

COLLECTION TYPOGRAPHIQUE

1 *bis*. **Angers**. Jean Hiretius Angevin. Des Antiquitez d'Anjou. ANGERS, *chez Anth. Hernault*, 1605, pet. in-12, v., titre dess. par G. La Roche. (Déch. au titre).
1 *ter*. **Avallon**. Description des communes comp. le district d'Avalon. AVALON, *de l'impr. d'Ant. Aubry*, an 3, in-8 v. (déchirures).
2. **Besançon**. Ordonnance de Louis XIV sur le fait des eaux et forêts, 1669. BESANÇON, *chez Ant. Alibert Impr., et Fr. Daclin*, 1717, in-12, v.
2 *bis*. **Bourges**. Arrest du Conseil du Roy, du 20 mars 1620. BOURGES, *Maurice Levez, impr.*, 1624, in-4, 16 p. ch., cart.
3. **Caen**. Michel de St-Martin. Rel. d'un voyage fait en Flandres. CAEN, *chez Marin Yvon. Impr.*, 1667, in-12, dérel. (*incomplet*). Manq. 179 à fin.
4. **Charenton**. Mestrezat. Discours de la manière dont J.-C. nous est donné. *Se vend à* CHARENTON, *par Louis Vendosme*, 1647, pet. in-8 de 67 p. ch., demi-rel., vél.
4 *bis*. **Charleville**. Ser. princ. suo Carolo Mantuac. Duci litterarii laboris monumentum nuncupat Collegium Societatis Jesu. CAROLOPOLI, 1700, pet. in-8, 6 ff. prél., 37 p. ch., v.
5. **Chartres**. Code de la Justice de paix. CHARTRES, *chez Le Tellier et Fr. Laballe, Impr.-Libr.*, 1791, in-8, 99 p. ch., b¹.
6. **Bayonne**. Ordonnances synodales du diocèse de Bayonne. BAYONNE, *de l'impr. de la Veuve Fauvet et J. Fauvet*, 1749, in-8, 4 ff. prél., 72 p. ch, v.
7. **Bordeaux**. Eutrope. Discours à la louange de Louis XV. BORDEAUX, *chez P. Séjourné*, 1746, in-12.
8. **Bourg**. Inflammationis theoria auctor Lud. Payan Dumoulin. BURGI, *Sancti Andeoli ap. Chappuis, typogr.*, 1743, in-8, 76 p. ch., 1 pl. c. en pap.
8 *bis*. **Bruyères** (en Lorraine). Les stations de Jérusalem. BRUYÈRES, *chez la Veuve Vivot, Impr.-Libraire*, 1776, in-12, 108 p. ch., v. br., figures s. bois.
9. **Carpentras**. Les statuts du Comtat-Venaissin, trad. du latin en fr. par Vasquin Philieul. CARPENTRAS, *Cl. Touzet*, 1700, in-8, 292 p. ch., 14 ff. tab'e et 1 p. ch., v.
10. **Corbigny**. Harangues sur diff. sujets faites par Guillemain de Talon, à ses concitoyens. A CORBIGNY, *chez Dubois, Impr.-Libr. du District*, an IIᵉ, in-8.
11. **Dôle**. La Practique et stil judiciaire de Prudent de Sainct-Mauris. DOLE, *Jean Tarlot*, 1577, in-4 (*mauvais état*).
12. **Grenoble**. Berriat (Saint-Prix). Eloge hist. de M. Mounier. GRENOBLE, *chez Allier*, 1806, in-8.
13. **Havre** (Le). Toustain A. M., Alex. Drudes de la Tour. LE HAVRE, *impr. de Le Picquier*, (1818), in-8, br.
14. **Le Puy**. Théodore. Hist. de l'église angélique de N.-D. du PUY. 1693, in-8, 419 p. ch., 18, (*très mauvais état*).
15. **Lille**. Recueil de diverses oraisons funèbres, troisième partie. L'ISLE, *chez Jean Henry*, 1689, in-12, v.
16. **Limoges**. L'Ami du peuple français. Mémoire adressé à Turgot par le fils d'un laboureur. LIMOGES, 1776, in-8, 8 et 153 p.
17. **Lyon**. Lotichii (P.) Secundi elegiarum libr. II. LUGDUNI, *J. Tornaesium*, 1553, in-8, 52 p. ch, et 1 f. d'err.
18. — Girardi Divionensis Assonaesequanorum dicastae poemata. LUGDUNI, *Fradin*, 1558, in-8.
19. — Boufflers. Le Derviche. Conte oriental composé et imprimé par P. Grolier, né le 27 août 1808 (29 juin 1816, LYON). In-12, 170 p. ch., cart.
19 *bis*. **Lyon**. Règle et constitutions des Religieuses de l'ordre de N.-D. du Mont-Carmel. LYON, *impr. A R. P. L. M.*, 1616). — Le même ouvrage. 1643 Ens. 2 vol.
20. **Maubeuge**. Van Torre e Soc. Jesu dialogi familiares. *Malbodii, s. d., ap. vid. J. Morard*, in-8, v.
21. **Montbrillant**. Réflexions sur les sentiments agréables. A MONTBRILLANT, 1743, in-8.
22. **Nantes**. Maximes pour conserver l'union dans les campagnes, par A. de La Gibonais. NANTES, *Veuve d'André Querro*, 1714, in-8, v.
23. **Orléans**. Edict du Roy pour le bien et règlement de la justice du royaume. ORLÉANS, *E. Gibier, Libr. et Impr.*, 1571, in-8, 12 ff. non ch.
24. **Ormeville**. Lettre d'un père de la Compagnie de Jésus. ORMEVILLE, *par Fr. de Veronne*, 1615, in-8.
25. **Ortais**. Au Roy, mon souverain seigneur, sur les misères du temps présent. ORTAIS, 1585, in-8.
25 *bis*. **Orthez**. Ordonnances du Roy Louys XIII sur les plaintes, etc., faites par les députez. ORTHES, *Rouyer*, 1630.
26. **Perpignan**. Demonville ou les Vendéens soumis, drame par Privat. PERPIGNAN, *chez Alzine*, an VII, in-8.
27. **Pont-de-Vaux**. Dissertation sur cette question : le Génie est-il au-dessus de toutes règles ? par Mermet. PONT-DE-VAUX, *de l'impr. de Berthet fils*, in-8 (*très rare*).
27 *bis*. **Pont-de-Vaux**. Antiphonaire et graduel à l'usage des pénitents de N.-D. de Confalon de Pont-de-Vaux, rédigé et imprimé par Borjon du Scellery. PONT-DE-VAUX, 1780, gr. in-fol., 308 ff. avec musique de plain-chant, rel. v., coins cuivre. (*Rel. anc.*).
28. **Rouen**. Scholae Rothomagensis philosophia. I. Pierii opera comp. ROTH. *ap. Maurry*, 1643, in-8, vél.
29. **Salins**. Institut de l'association et confrérie de N.-D. de Lorette. SALINS, *Impr. A. Besson*, (1751).
30. **Saumur**. ? Poèmes sacrez. S. l. (SAUMUR, *ou Château de Richelieu* ?), 1778, in-12.
31. **Saumur**. Advis du Cardinal Baronius au Pape Paul V. A SAUMUR, *par Th. Portau*, 1606, in-8.
31 *bis*. **Stenay**. Amusemens d'un jeune militaire ou retour sur soi-même. STENAY, 1784, in-12.
32. **Toulouse**. Las Obros de Pierre Goudelin. TOULOUSE, *Pierre Bosc*, 1648, in-4, demi-rel.

IMPRESSIONS DE PROVINCE. — LIEUX SUPPOSÉS 109

33. **Toulouse.** Escript envoyé par le Roy à tous les estats du Saint-Empire. TOULOUSE, *Jac. Colomies*, 1532, in-12.
34. **Tours.** De l'origine, vérité et usance de la loy satirique, par I. G. *Tours, Claude de Montr'œil et Jean Richer*, 1590, in-4, (*titre déchiré*).
35. **Tours.** Le Bourgeois. A TOURS, 1619, in-8 de 15 p. ch. cart.
35 *bis.* **Troyes.** L'arrivée du brave Toulousain et le devoir des braves compagnons de la petite manicle. TROYES, *Garnier, s. d.*, in-8, cart.
35 *ter.* — Manuale sec. usum ins. eccles. Trecensis. TROYES, *chez Jean Le Coq*, 1573, in-4, fig. *marque.*
36. **Versailles.** Leçons de morale, de politique et de droit public (par Moreau). A VERSAILLES, *de l'impr. du Départ des Affaires étrangères*, 1773, in-8.
37. **Versailles.** Explication des tableaux de la galerie de Versailles (par Rainssant). VERSAILLES, *Impr. Fr. Muguet*, 1877, in-12, figures, v. (*Trois exempl.*).
38. **Vire.** Exercice prat. pour la confession, etc. VIRE, *chez Chalmé*, 1784, in-18.

801. **Imprimeries particulières et lieux supposés** ou réputés tels. 19 vol. in-8 et in-12.

1. **Amboise Choiseul.** Instructions sur la semence et plantation des mûriers, par Joubert de l'Hiberderie. AMBOISE, *Choiseul*, in-12, v. fauve et br. (*Deux. ex.*).
2. **Andely.** Etrennes de Jean à Nicolas, ou les deux lions, etc. A ANDELY, 1775, in-8, dérel.
3. **Bagnol.** Dialogue du public et de l'anonyme, par J. de Chénier. A BAGNOL, 1788, in-18 br.
4. **Baville.** La Cour plénière et suppl. à la Cour plénière, héroï-tragi-comédie, jouée par une Société d'amateurs dans un château aux environs de Versailles, par l'abbé de Vermond. BAVILLE, 1788, in-8, br. (*Avec le supplément*).
5. **Chambord.** La bataille de Fontenoy ou l'apothéose moderne, opera-trag. A CHAMBORD, 1768, in-8.
6. **Canthurii.** Rerum in Gallia gestarum, narratio auctore G. Ebouff. CANTHURII, *Amedaei Menalcae*, 1577, in-8, rel. (*Pièce protestante sur la Ligue*). Deux exemplaires.
7. **Clignancourt.** Léandre Nanette ou le double qui-pro-quo parade. A CLIGNANCOURT, 1756, in-8 dérel.
8. **Cransac** (Rouergue). Traité des maladies et la poudre balsamique Gally. A CRANSAC, 1756, in-12 dérel.
9. **Feurs** (Dijon). Silva distichorum moralium, J. Bap. Silvius edidit. *Apud Forum Segusian. typis Brannovic*, 1719. — Hymni novi ad publicum Ædvensis ecclesiae usum comparati. Prima editio. S. l., 1720, 2 ouv. en 1 vol. in-8, rel.
10. **Harcourt.** Le grand bailliage, comédie représ. à Rouen en 1788. A HARCOURT *et se trouve à Rouen, chez Liberté*, 1788, in-8, br.
11. **Anonyme.** Poésies de Mme (Mme d'Houdetot). *S. l. n. d.* (1847), in-8, 8 pp. br.
12. **Hutte au Parc (La).** Idées sur les impôts publics par Minau de la Mistringue. A LA HUTTE DU PARC ET PARIS, *chez Belin*, 1787, in-8, br.
13. **Maruéjols** (Lozère). Avis pressant au Tiers-Etat du Gévaudan. A MARUÉJOLS, *chez Vérité*, 1789, in-8 br.
14. **Pont** (Au). Response apologétique à l'anti-coton et à ceux de sa suite, par F. Bonald. AU PONT, *chez Michel Gaillard*, 1611, in-8, vélin (2 ex.). (Peut-être Charenton ou Pont-à-Mousson).
15. **Hermitage de Saint-Amour.** Songes d'un hermite. A L'HERMITAGE DE SAINT-AMOUR, 1770, in-12 rel.
16. **Sophopolis.** Le Philosophe ami de tout le monde, par L. Coste qui n'est point littérateur. A SOPHOPOLIS, *chez le Pacifique*, 1760, in-12 dérel.
17. **Virate.** Le secret des secrets des Jésuites. Impr. a NOTRE-DAME DE LA VIRATE, *chez Pierre Blanc*, 1618, in-12 dérel.
18. **Verssois.** Le citoyen exilé ou l'exposé des procédures et d'un jugement unique de l'esprit duquel dérive l'origine des troubles de la République de Genève. *Imprimé a* VERSSOIS, *dit la Nouvelle-Choiseul*, 1770, in-8 br. ; piqûres de vers.
19. **Anonyme.** Bagatelles en vers, par Tristan de Pise. S. l., 1784, in-8, 33 pp., pap. de Holl., dérel.

CATALOGUES DE VENTES ET A PRIX MARQUÉS

802. **Catalogue** des Livres de la Bibliothèque de feu M. le duc de **La Vallière**, par Guil. de Bure. PARIS, 1783-88, 10 vol. in-8, portr., rel. v. et cart., n. rog.

Avec les prix d'adjudication à la première partie.

803. **Catalogues de ventes de Livres.** XVIIIe siècle, *avec prix d'adjudication.* 17 vol. in-8, rel.

Lavallière (Duc de). 1783, 3 vol. — **De Brienne.** 1791, 3 vol. — **Maréchal Duc d'Estrées.** 1740, 2 vol. — **Abbé d'Orléans de Rothelin.** 1746, avec portr. — **Gayot.** 1770. — **Citoyen Blondel.** 1797. — **Comte de Pontchartrain.** 1747. — **Saint-Ceran.** 1780 — **Gouttard.** 1780. — **Sandras.** 1771. — **De La Briffe.** 1788. — **Bonneau.** 1754. — **Dupuis d'Autry.** — **Orry de Fulvy.** — **Broglie.** — **Maigret.** — **Revol.** — **Soyer.** — Etc., etc.

804. **Nodier** (Ch.). Description raisonnée d'une jolie collection de livres et **Mélanges** tirés d'une petite bibliothèque ou variétés littér. et philosophiques. PARIS, 1829-1844, 2 vol. in-8, veau-fauve, fil., dos ornés.

805. **Didot** (F.). Catalogue illustré des livres précieux, manuscrits et imprimés, dessins et estampes, faisant partie de la bibliothèque de Ambr. Firmin Didot. Ventes de de 1877 à 1884. PARIS, 1877-84, ens. 7 vol. gr. in-8, avec pl. en noires et en couleurs, br.

Exemplaire en *grand papier de Hollande*.

806. **Catalogues de ventes célèbres**. Bibliothèque de M. le Baron de La Roche-Lacarelle. PARIS, 1888, 1 vol. — Bibliothèque de M. le Comte de Lignerolles. 1894 (2e et 3e parties). Ens. 3 vol. gr. in-8, br.

Exemplaire sur *grand papier de Hollande* avec planches de reliures et fac-similes dans le premier ouvr.

807. **Double** (Baron). Cabinet d'un curieux, description de quelques livres rares. PARIS, 1892, in-8, VIII-186 pp., pl. et fac-sim. *Papier de Hollande*, 23 pl. de rel. et de titres de livres, br., couv. (*non mis dans le commerce*).

On y a joint : Annuaire de la Société des Amis des livres. 1880-86 et 87. — **Corroënne**. Manuel du Cazinophile. Période initiale du petit format. Le petit format à figures. Livres-bijoux, précurseurs des Cazins. PARIS, 1879-80 ; 3 vol. in-12 br.

808. **Catalogues de bibliothèques célèbres.** 5 vol. in-8, rel.

Bibliothèque de *Yémeniz* avec notice par Leroux de Lincy. PARIS, 1867. *Grand papier de Hollande* avec table des prix d'adjud., chagr. bl., non rog. (On a relié à la fin : Description du livre d'heures de la dame de Saluces). — Catalogue des livres comp. la bibliothèque de Arm. *Cigongne*. 1861. Pap. de Hollande, demi-rel. dos et coins de mar. rouge, non rog. (Collection acquise par le Duc d'Aumale). — Catalogue des livres rares et précieux et manuscrits de la bibliothèque du Baron *Pichon*. 1869, demi-rel. mar. br., tête dor., n. r. (*quelques prix*). — Catalogue *Beckford*. 1882, avec table des prix d'adj. — Catalogue *Sunderland*. 1881, avec table des prix d'adj., demi-rel. chag.

809. **Claudin** (A.). Archives du bibliophile, ou bulletin de l'amateur de livres et du libraire, de l'origine Février 1858 à Décembre 1901. 26 vol. in-8, et gr. in-8, brochés.

On trouve dans ces catalogues la description de près d'un million d'ouvrages anciens et modernes avec d'intéressantes notes bibliographiques. Les titres n'ont été tirés qu'à 40 exemplaires sur la presse de l'éditeur.

810. **Bulletin du bouquiniste**, publ. par Aug. Aubry, avec la collaboration de Blanchemain, Bordier, Brunet, Chassant, Colombey, Lalanne, etc., etc., de la 1re année. 1857, à Novembre 1884 ; 35 vol. in-8, br. ou en liv., les 3 premiers vol. sont rel. en demi-chagr. rouge. (*On y joint les tables de 1857 à 1864. — Quelques taches d'humidité aux dernières années*).

811. **Bulletin du bibliophile** et du bibliothécaire, revue mensuelle, publ. par Téchener, avec notes, par Brunet, Duplessis, Peignot, Nodier, etc., etc., de l'origine, 1834 à 1875, 41 vol., demi-rel. bas. verte. — *On y a ajouté les années 1877 à 1884, brochés*.

812. **Catalogues de ventes de Livres**, faites pendant le XIXe siècle. Réunion de 200 vol., dont plusieurs catalogues dans le même vol., reliés la plupart en vél. bl.

VIII. MONASTÈRES (Imprimerie dans les). — Alsace

813. **Monastères à l'étranger** (Impressions faites dans les). — **Kempten** (Campidonona, en Bavière, Reborf, etc). 5 ouv. en 5 vol. in-4 et in-12, rel. (*Les 3 premiers inconnus à Deschamps*).

Sonora Tuba ad experge faciendos religiosos à somno Teporis et Negligentiae spiritualis Ital. edit. à A. V. Negro, nunc vero lat. F. L. B. provinc. Arg. *Ex. Ducali Campidonensi typogr. Mayr*, 1711, 162 pp. ch. — *Symbolum militare* scholae, ac doctrinae Augustino Thomisticae procedunt praeliaturi F. Colombanus el F. Othmarus. *Ex Typ. Ducalis Monasterii Campidonensis per Rud. Dreherr*, 1661, 4 ff. prél. et 207 pp. ch. — *Idea boni praelati* sive vita Alani de Solminihac episcopi. Baronis et Comitis Cadurcencis, etc., à L. Chastene gall. idiomate conscr. nunc à Dom. Bisselio lat. donata

MONASTÈRES. — ALSACE. — ALLEMAGNE

Typis Ducalis Monasterii Campidonensis per Rud. Dreherr, 1673, petit in-8, 8 ff. prél. non chiffrés, 368 pp. rel. — **Le Cerf**. Bibliothèque hist. et crit. des auteurs de la Congrég. de S. Maur. LA HAYE, 1726, in-12, demi-rel. vél. non rog. — Monumenta typographica quae extant in Bibliotheca collegii Canonicorum Reg. in Rebori *Eichstadii*, 1787, in-4, demi-rel.

814. Muri en Tyrol (Impressions du Monastère de), d'Einsielden, etc. 1634-1816. 9 vol. in-12, rel. et br. (*Les deux premiers inconnus à Deschamps*).

Geistliches Halssband durch. Lud. Blosium beschreben. *Im Gottshauss Muri*, 1634, in-12 de 1 f. p. le titre de 336 p., rel. chag., 2 fermoirs. — Ordo divini officii S. Martini. *Typis Monasterii Murensis*, 1841, in-12, 58 p. et 2 ff. — **Janauschek** (Léop.). Bibliographia Bernardina qua S. Bernardi, etc. VINDOBONÆ, 1891, in-8, XXXVII et 558 pp. demi-rel. avec coins de chag. noir, n. rog., couv. Weg. Weiser der geistlichen Kloster Jung Frauen von M. M. P. V. B. *Einsielden*, 1693, 276 pp. et 4 ff. de table. — Paradoxa-thomistico theologica id est selectiores, etc. quas propugnabunt, P. M. Haann, etc. *Typis Monasterii Einsidlensis per Jos. Ochsner*, 1688, front., 7 ff. n. chif., 81 p. (*Deux ex.*). — Quaestiones theologicae ex Verbi incarnati delibatae, à Rev. Mar. Scoto et Adel. Suter. *Typis ejusd. Monasterii Einsidlensis, per Jacob Ammon*, 1664, petit in-12, 4 ff. prél. n. chif., 284 pp. chiff., 24 p. chiff. à la fin, rel. Petit abrégé de la sainte-foi catholique ou instr. chrét. en forme de petit catéchisme, par le R. P. Pierre Canise. A VARSOVIE, *de l'impr. roiale du collège des RR. PP. Scholarum Piarum*, 1702. Manque à 2 et 3. — **Krotki.** Zbior Nauki chrzescianskiej : Teofil Wszelaki. W. Puławach, (*Impr. particulière du Prince Czartoryski en son château de Puława A. C.*) in-12, 90 p. ch. plus 2 ff. prél.

815. Scharbach und Spirgatis. Heinrich Knoblochtzer in Strassburg (1477-1484), bibliographische Untersuchung. STRASBOURG, 1888, in-4, 75 pages de texte et 75 planches de fac-simile, demi-rel. (Tache).

815 bis. Proctor (R.). Marcus Reinhard and Johann Gruninger. LONDON, 1900, in-4, 24 pp. fac-simile, papier de Holl., cart. (*Notes sur la garde*).

816. Schmidt (Ch.). Répertoire bibliographique Strasbourgeois jusque vers 1530. STRASBOURG, 1893-96, 8 monographies en 6 fasc. in-4, avec marques d'impr., br. (*Ex. numéroté*).

Jean Grüninger. — Martin et Jean Schott. — Jean Pruss, père et fils. — Mathias Hupfuff. — Flach. — Jean Knobloch. — Mathias Schurer. — Jean Grüninger.

817. Alsace. 6 vol. ou opusc. in-4 et in-8, br. et rel.

Laborde. Débuts de l'impr. à Strasbourg. 1840, 83 pp. fac-similes (3 *ex.*). — **Dorlan.** Quelques mots sur l'origine de l'impr. et sur ceux qui en attribuent l'invention à Jean *Mendel* de Schlestadt. 1840, 38 pp., fac-similes. — **Benoit.** Collections et collectionneurs Alsaciens (1600-1820). 1875. — **Kristeller.** Die Strasburger Bucher-illustrations. 1888, fig.

818. Alsace. — **Heitz.** Les Filigranes des papiers contenus dans les archives de la ville de Strasbourg. 1902, (2 ex.) br. — Catalogue des incunables de la ville de Colmar. 1895, demi-rel. chag. — **Ristelhuber.** Les Etudiants alsaciens. 1888, br. — Le Bibliographe alsacien. 1863-1869, 4 vol. (*le 1er percé par un clou*). Ens. 8 vol. in-4 et in-8, br. et rel.

IX. ALLEMAGNE (Imprimerie en)

Augsbourg. — Breslau. — Francfort. — Hambourg. — Magdebourg. — Mayence. — Nuremberg. — Trève. — Ulm. — Wittemberg. — Konigsberg. — Halle, etc.

819. Augsbourg. 3 vol. in-4 et in-8, rel.

Reiserus. Index mss. *Bibliothecæ Augustanæ*. (AUGSBURG), 1675. — Inclytae *Bibliothecæ Norimbergensis* memorabilia J. J. Leibnitzius recens. NORIMB., 1674, 2 ouvr. en 1 vol. in-4, v. — **Mezger.** Augsburgs Ælteste Druckdenkmale. AUGSBURG, 1840, in-8, 35 pl. de fac-simile, cart.

820. Annales typographiæ Augustanæ ab ejus origine 1466 usque ad annum 1530, accedit Fr. Ant. Veith diatribe de origine et incrementis artis typographicæ in urbe Aug. Vindelicorum, edidit G. Zapf. 1778, 1 vol. — **Lackmanius.** Annalium typographicorum, selecta quaedam capita. HAMBURGI, 1740, 1 vol., ens., 2 vol. in-4, rel.

820 *bis* **Veith** (Fr. Ant.). Bibliotheca Augustana, complectens notitias varias de vita et scriptis eruditorum quos Augusta Vindelic. *Augustæ Vindelicæ, sumptibus auctoris*, 1785-96, 12 vol. in-12, demi-rel. bas. verte (*Aux armes de Gomez de la Cortina*).

821. **Camus**. Notice d'un livre impr. à Bamberg en 1462. PARIS, an VII, in-4, 4 pl. de fac-simile, br. — Aelteste Buchdruckergeschichte von Bamberg, von **P. Sprenger**. NURNBERG, 1800, in-4, 1 pl., cart. — Ens. 2 vol.

822. **(Scheibel)**. Geschichte der seit 300 Jahren in Breslau bef. Stadt Buchdruckerey. BRESLAU, 1804, in-4, 4 portr. et 4 pl. fac-sim., demi-rel. v. m.

823. **Voullième** (E.). Der Buchdruck. Kölns bis zum ende des XV Jahrhunderts. BONN, 1903, in-8, CXXXIV-543 pp., br.

824. **Kelchner** (Ernst). Die Marienthaler Drucke der Stadt-bibliothek zu Frankfurt am Main. FRANKFURT, 1883, in-4, 10 pp. et 5 fac-similés, demi-rel. chag. bleu.

824 *bis* **Kirchner**. Die Papiere des XIV. Jahrh. in Stadt archive zu Frankfurt A. M. (Le papier du XIVe s. aux archives de Francfort et leurs filigranes). FRANKFURT, *A. M.*, 1893, gr. in-8, 153 fig. de filigr., demi-rel. mar. bl., non rog.

825. **Hambourg et Freiburg** (Imprimerie à). 2 vol. in-4, rel.

Zur Geschichte der Buchdrucker Kunst in Hamburg, J. M. Lappenberg. HAMBURG, 1840. — Festschrift zum vierhundertjährigen Gedachtniss des ersten Freiburger Buchdrucks, von F. Pfaff. FREIBURG, 1893, demi-rel. mar. non rog.

826. **Grotefend**. Geschichte der Buchdruckereien in der **Hannoverschen** und **Braun schweigischen** Landen. HANNOVER, 1840, in-8, 8 pl. de fac-sim., dem.-rel. mar. br., éb.

827. **Seemiller** (Séb.). Bibliothecæ academicæ Ingolstadiensis incunabula typographica seu libri ante annum 1500 impressi circiter mille et quadringenti, etc. INGOLSTADII, 1787, 4 part. en 1 vol. in-4, demi-rel. v. *On y a joint* :

Seemuller. Bibliothecae Academicae Ingolstadiensis incunabula typographica. INGOLSTADII, 1789, 4 vol. pet. in-4, v. br. (*Contient la description de plus de* 1400 *Incunables*).

828. **Wurdtwein**. Bibliotheca Moguntina libris saeculo primo typographico Moguntiæ impressis instructa, hinc inde addita inventæ typographiæ historia. *Aug. Vindelicorum*, 1787, in-4, 251 pp. et 9 pl., rel. veau. (3 *ex*.).

829. **Zapf**. Aelteste Buchdruckergeschichte von Mainz. ULM, 1790, in-8, 1 pl. fac-s., cart.

Lisch. Geschichte der Buchdruckerkunst in Meklenburg. SCHWERIN, 1839, in-8, gr. pl. de fac-simile, cart.

830. **Panzers** alteste Buchdruckergeschichte Nurnberg. NURNBERG, 1789, in-4, rel. — **Hase**. Die Koberger. LEIPZIG, 1885, in-8, 4 pl. de fac-simile, demi-rel. mar. b., non rog. Ens. 2 vol.

831. **Steiff**. Der erste Buchdruck in Tubingen. (1498-1534). TUBINGEN, 1881, in-8, de X et 254 p. ch., portr., demi-rel. chagr.

832. **Götze**. Altere Geschichte der Buchdruckerkunst in **Magdeburg**. MAGDEBURG, 1872, in-8, 5 pl. de fac-sim., cart. (1re *partie, seule parue* ?)

833. **Imprimerie en Allemagne**. Die presse in MARIENTHAL im Rheingau von Franz Falk. 1882. — Die Ältesten FRANCKFURTER Drucke (Beatus Murner, 1511-12). 1885. — **Ennen**. Katalog der Inkunabeln in der Stadt Bibliothek zu KOLN. 1865. — Ens. 3 ouvr. gr. in-8 et in-8, demi-rel. chagr.

834. **Hassler**. Die Buchdrucker-Geschichte Ulm's (Histoire de l'imprimerie à Ulm). ULM, 1840, in-4, pl. de fac-simile. — L. Hohenwang, von A.-F. **Butsch**. MUNCHEN, 1885, 16 p., 1 pl. — Die Zainer in Ulm, von **Wegener**. 1904. 3 ouvr. en 2 vol. in-4, rel.

AUTRICHE. — ROUMANIE. — ALLEMAGNE

835. Wittemberg, Kœnigsberg, Halle, etc. (Imprimerie à). 5 vol. in-8 et in-4, 2 pl., rel.

Relation vom Wittembergischen Buchdrucker Jubilao 1740, von Eischsfelden. *Wittenberg*, 1740. — Geschichte der Buchdruckerein in Königsberg. *Konigsberg*, 1840, couv. cons. — Vorakemische Buchdruckergeschichte der Stadt Halle, von G. Schwetschke. *Halle*, 1840, 2 pl.

Hillar (M.). Vindiciae historiae Trevirensis, sive historia Trevirensis de tribus primis Trevirorum episcopis etc. METIS, 1763, in-4, veau. — Historie der gedruckten Bibel version und anderer Schriften. Mart. Lutheri. Hanns Luffts. Zu Wittenberg. Lufft. von Zeltner. 1727, in-4. **Lorck.** — Die Druckkunst und der Buchhandel in Leipzig durch IV Jahrhund. LEIPZIG, 1879, in-8, demi-rel. mar. br., éb.

836. Allemagne. 9 vol. ou opusc. in-4 et in-8, br.

Hanauer. Les Imprimeurs de Haguenau. 1904. — **Massmann.** Die xylographa. 1841. — **Massmann.** Literatur der Todtentanze. 1840. — **Hasse.** Saecularibus Quartis (impr. à Leipzig). 1840. — **Kirchheim** im Elsass, eine bisher unbekannte, etc. S. d. — **Pfaff.** Seftschrift zum vierhundertjahrigen Gedachtniss des ersten Freiburger Buchdrucks. 1493. 1893, in-4, 2 ex.

836 *bis* **Suisse. Bernoulli.** Geistiges Leben und Buchdruck zu Basel. 1901, fac-similes.

X. AUTRICHE. — ROUMANIE

837. Mayer (Dr A.). Wiens Buchdrucker-Geschicht. 1482-1882 herausg. von den Buchdruckern Wiens. WIEN, 1883-1887, 2 tom. en 1 vol. in-4, vign., figures et fac-similes, demi-rel. chagr. r., non rog.

838. Autriche-Roumanie. 6 ouvr. in-4, br. et rel.

Wiens Buchdructergeschicht bis M. D. L. X. von **Denis**. *Wien*, 1782, 2 part. en 1 vol. in-4, front. demi-rel. — Die Merkwurdigkeiten der off. Biblioth. am Theresiano, von **Denis**. 1780, in-4, demi-rel. — **Denis.** Einleitung in die Bucherkunde (*Erster Theil*). WIEN, 1795, in-4, cart. — **Hubl.** Die Inkunabeln der Bibliothek des Stiftes Schotten in Wien, von Hubl. 1904, in-8 br. — **Picot.** Coup d'œil sur l'histoire de la typographie dans les pays Roumains au XVIe siècle, par Picot. 1895, in-4 br. — Commentatio de primis. VINDOBONAE typographis, 1764, in-4, 48 pp., dérel. — **Kalauz az orsz. Magy.** iparmüvészeti Muzeum, rendezett Konyvkiallitachoz, etc. *Buda Pesth*, 1882, in-4, fig., br.

XI. ALLEMAGNE (Bibliographie et Histoire littéraire)

839. Draudius. Bibliotheca classica sive catalogus officinalis in quo singuli singularum facultatum ac professionum libri, qui in quavis fere lingua extant, etc. FRANCOFURTI, ad. M., 1625, 3 vol. in-4, br. (*Taches de rousseurs*).

840. Bibliotheca Germanica, sive notitia scriptorum rerum germanicarum quatuor partibus absoluta coll. à Mich. Hertzio. ERFURTI, *s. d.* (vers 1600), in-fol., v. br.

840 *bis* **Fabricius.** Bibliotheca latina, sive notitia auctorum veterum latinorum, etc. VENETIIS, 1728, 2 tom. en 1 vol. in-4, v. m.

841. Placcius (V.). Theatrum anonymorum et pseudonymorum, ex symbolis et collatione virorum per Europam, etc. post syntagma dudum editum Matt. Dreyerii et vita auctoris a Fabricio. HAMBURGI, 1708, 2 vol. in-fol., v. br. (2 ex.).

842. Haenel (G.). Catalogi librorum manuscriptorum qui in bibliothecis Galliae Helvetiae, Hispaniae, Lusitaniae, Belgii, Britanniae, M. asservantur. LIPSIAE, 1829, in-4, 1007 pp., rel. toile. (*Couv. servant de titre*).

843. Petzholdt (Jul'). Bibliotheca bibliographica. Krit Verzeichniss der das Gesammtgebiet der Bibliographie, etc. LEIPZIG, 1866, in-8, 939 pp., br., etc. *On y a joint* :

Weller. Repertorium typographicum. Die Deutsche Literatur (La littérature allemande pendant les premières 25 années du XVIe s.). NORDLINGEN, 1864, in-8, demi-rel. chagr. br., non rog. — **Reichhard.** Die Druckorte des XV. Jahrh. (Les lieux d'impression aux XVe siècle). AUGSBURG, 1853, gr. in-8, demi-rel. chag. br., non rog.

844. **Bibliographie** (Incunables). 7 vol. in-8 et in-12, rel. veau ou demi-rel. et br.

<small>Catalogus librorum rarissimorum ab artis typogr. inventoribus etc. *S. d.* (Italie, 1748). — Catalogus msstorum membranaceorum et chartaceorum. *Venalium, apud J. L. Bunemannum*, 1732. — Index quorund. librorum saec. XV quos possidet Alfortii C. G. Schwartzeus. 1727, v. fauve, tr. dor.— **Lunze**. Monumentorum typographicorum tridecas von.*Gottlob Lunze*, 1801. — **Struvius**. Introductio in notitiam rei litteraríæ, etc. 1768. — **Moller**. Bibliotheca septentrionis eruditi, etc. 1699. — **Zedler**. Die Inkunabeln Nassauischer Bibliotheken. 1900. — **Pellechet**. Quelques alphabets d'imprimeurs au XVe s. Cologne, Trèves, Metz, Vienne, 1896 (fac-simile).</small>

845. **Bibliographie.** 5 vol. in-4 et in-8, rel. en v.

<small>Historia bibliothecæ Fabricianæ, auct. J. Fabricio. 1718. — Jugleri supplementa et emend. ad bibliothecam litter. Struvii Juglerianam. 1785. — **Sinceri** Neue Sammlung von lauter alten und raren Buchern. 1733, portr., 1 pl. — **A. Beyeri**. Memoriæ librorum rariorum. 1734. — **Lambecius**. Bibliotheca Acromatica. 1712, portr.</small>

846. **Archiv fur Geschichte** des deutschen Buchhandels, herausg. von der histor. Commission des Borsenvereins der Deutschen Buchhandler. LEIPZIG, 1878-1898, 20 vol. in-8, br. (Le tome 3 manque).

847. **Hirsch** (J.-C.). Bibliotheca numismatica. NORIMBERGAE, 1760, in-fol., br.

XII. HOLLANDE ET DANS LES PAYS-BAS
(Origines et histoire de l'imprimerie en)

848. **Meerman** (G.). Origines typographicae. HAGAE, 1765, in-4, portrait, vélin blanc, dent. sur les plats, (armoiries). — **Visser**. Vitvinding der Boekdrukkunst, getrokken vit het latynsch Werk van G. Meerman, met ene Voorreden en Aantekeningen van Gockinga. AMSTERDAM, 1767, 1 vol., demi-rel. — Ens. 2 vol. in-4.

849. **Montbrun** (Du Puy de). Recherches bibliogr. sur quelques impressions néerlandaises du XVe et du XVIe siècle. LEIDE, 1836, in-8, 99 pp., avec pl. xylograph., demi-rel. toile, n. rog.

<small>On y a ajouté : Haarlem the birth-place of printing, not Mentz by Hessels. LONDON, 1887, in-8.— **Roth**. Die Druckerei zu Eltville. 1886, in-8.</small>

850. **Devries** (A.). Eclaircissemens sur l'histoire de l'invention de l'imprimerie, trad. du holl. par Noordzick. LA HAYE, 1863, in-8, XLII-276 pp., demi-rel. chag. rouge.

<small>On a relié à la fin : Arguments des Allemands en faveur de leur prétention à l'invention de l'imprimerie. 1845, 205 pp.</small>

851. **Ledeboer** (A.). Notices bibliographiq. des livres imprimés avant 1525, conservés dans la bibliothèque publ. de Deventer. DEVENTER, 1867, in-8, 223 pp., demi-rel. chagr. brun, non rog. (*Lettre ajoutée*).

852. **Holtrop** (J.-W.). Monuments typographiques des Pays-Bas au XVe siècle. Collection de fac-simile d'après les originaux conservés à la Bibliothèque royale de la Haye et ailleurs. LA HAYE, 1868, in-4, 132 planches, demi-rel. avec coins, chag. bleu, n. rog.

853. **Campbell**. Annales de la typographie néerlandaise au XVe siècle. LA HAYE, 1874, 629 pp., plus 4 suppléments publ. de 1878 à 1890, en 1 vol. in-8, demi-rel. chag. brun, n. rog.

<small>On y a joint 2 exemplaires brochés sans les suppléments.</small>

854. **Art typographique dans les Pays-Bas** (L') (1500-1540), reproduction en fac-simile des caractères typographiques, des marques d'imprimeurs, des graveurs sur bois, etc., avec notices par Wouter Nijhoff. LA HAYE, 1902-05, 5 liv. in-4, 60 pl. en ff. (1. 2. 3. 4. 7.).

855. **Willems** (A.). Les Elzevier, histoire et annales typographiques. BRUXELLES, 1880, in-8, 607 pp., demi-rel., dos et coins de parch., non rog.

HOLLANDE. — BELGIQUE

856. **Elzevier** (Bibliographie des). 6 vol. in-8, rel. et br.
   Rahir. Catalogue d'une collection unique de vol. imprimés par les Elzevier. PARIS, 1896. — Catalogue d'une collection de livres imprimés par les Elzéviers de formats in-f., in-4 et in-8. PARIS, 1848 (*papier bleu*). — Brunet. Recherches sur diverses éditions elzéviriennes faisant suite aux études de Bénard et Pieters. 1866, 1 vol. (3 ex.). — Pieters (Charles). Annales de l'imprimerie elsévirienne ou histoire de la famille des Elsevier et de ses éditions. GAND, 1851, in-8, LVI et 528 pp., demi-rel. veau brun.

857. **Hollande** (Imprimerie en). 15 vol. ou opusc. in-8 et in-12, rel. et br.
   Pieters. Annales de l'Impr. des Elzever. 1858. — De Vries. Hist. de l'inv. de l'impr. 1843 (2 ex.). — Van der Linde. The Harlem legend of the invention of printing. 1871. — Analyse des matériaux les plus utiles pour des futures annales de l'impr. des Elzevier. 1843 (*tiré à 50 ex.*). — Voisin. Impr. particulières des Pays-Bas. 1840. — Du Puy de Montbrun. Impressions Néerlandaises. 1836. — Jubinal. Lettres à M. de Salvandy sur quelques mss. de la Bibl. royale de La Haye. 1846, rel. — Wouter Nijhoff. Bibliographie de la typ. néerlandaise des années 1500 à 1540, ff. provisoires. 1901 (2 ex.). — Brunet. Recherches sur les éditions elzéviriennes. 1866. — *Aperçu* sur les erreurs de la bibliogr. des Elzéviers. 1848. — Spanier. Confessionale ou Beichtspœgel, etc. 1861, rel. — Pieters. Six opuscules sur les Elzevier. GAND, 1848, 1 vol. in-8, interfolié de papier blanc.

XIII. BELGIQUE (Imprimerie en)

858. **Belgique** (Documents iconographiques et typographiques de la Bibliothèque Royale de), fac-simile photo-lithographiques avec texte historique par les Conservateurs. BRUXELLES, 1877, in-fol., pl., cart.
   Première série : Les Bois. Spirituale Pomerium. Gravures criblées.— La Vierge de 1418. — Vue de Louvain. — Les Neuf Preux. — La Légende de St-Servais. 40 planches.

859. **Marques typographiques** des imprimeurs et libraires qui ont exercé dans les Pays-Bas, et marques typographiques des imprimeurs et libraires belges établis à l'étranger GAND, 1894, 2 vol., in-8, nombr. marques, demi-rel. chagr. v., non rog. *On y a ajouté* :
   Recherches bibliographiques sur quelques impressions rares ou précieuses du XVe et du XVIe siècle (par de Brou). BRUXELLES, 1849, in-8, 32 pp. fac-simile, br. (*Deux exemplaires*).

860. **Varin** (Ad.). Ecole liégeoise. Les Graveurs, leurs portraits reprod. au burin, d'après les originaux. 1366-1850, avec notes. BRUXELLES, s. d., in-8, 139 pp. et 34 port., cart.

861. **Conway** (W.). The Woodcutters of the Netherlands in the fifteenth century. CAMBRIDGE, 1884, in-8, XVII et 359 pp., cart. toile.

862. **Reume** (Aug. de). Variétés bibliograph. et littér. BRUXELLES, 1848, in-8, 204 pp. vign., marques d'impr. dans le texte, demi-rel., dos et coins v. rose, non rogn.
   Tiré à 100 exemplaires.

863. **Légende de Saint-Servais** (La). Document inédit pour l'histoire de la gravure en bois, par Ruelens. 1873, 21 pp., 2 fac-similes. — Zwei der ältesten deutschen Druckdenkmäler, von Stöger. 1833, 84 pp. et 4 fac-similes, demi-rel. chagr.

864. **Haeghen** (Van der). Dictionnaire des devises des hommes de lettres, imprimeurs, libraires, bibliophiles, et Belgique et Hollande. BRUXELLES, 1876, in-8, 104 pp., demi-rel. chagr. br., non rog., couv.

865. **Vincent** (J.-B.). Essai hist. sur l'histoire de l'imprimerie en Belgique dep. le XVe jusqu'à la fin du XVIIIe siècle. BRUXELLES, 1867, in-8, 223 pp., demi-rel. chagr. br., non rogn., couv.

866. **Iseghem** (Van). Biographie de Thierry Martens d'Alost, premier imprimeur de la Belgique. MALINES, 1852, in-8, 358 pp., demi-rel. chagr.
   On y a joint : L'édition de 1856, 1 vol. demi-rel.

867. **Notice sur Colard Mansion**, libraire et imprimeur de la ville de Bruges en Flandre, dans le XVe siècle. PARIS, 1829, gr. in-8, 131 pp., cart., non rog. (*Avec 5 fac-similes*).

868. **Havre** (Van). Marques typographiques des imprimeurs et libraires Anversois, rec. par V. H. ANTVERPEN, 1883-84, 2 tom. en 1 vol. in-8, 299 et 412 pp., nombr. marques, demi-rel. chagr. bleu, non rog.

869. **Degeorge** (L.). La Maison Plantin à Anvers. 3e édition. PARIS, 1886, in-8, portr. et 212 pp., demi-rel. chagr. orange, non rog.

870. **Ruelens et de Backer.** Annales plantiniennes dep. la fondation de l'imprimerie plantinienne à Anvers jusqu'à la mort de Chr. Plantin, 1555 (1589). PARIS, 1866, in-8, portr., 324 et 15 pp., demi-rel. chag. bleu, non rog., couv.

871. **Plantin** imprimeur à Anvers, réunion de 8 broch. en 1 vol. in-8, demi-rel. chagr. orange, non rog.

>Plantin, par **Van Hulst**. 1846. — Particularités sur Ch. **Plantin**. — La Maison Plantin, par **Téchener**. — Le Musée Plantin, par **Blades**. — Plantin, par **Martens**. 1878. — Le Musée Plantin, par **Rooses**. 1878. — Lettres d'anoblissement. 1884. — Notice sur Ch. Plantin, par **Gruel**. 1891. (*Envoi d'auteur*).

872. **Gand d'Alost** (de). Recherches hist. et crit. sur la vie et les éditions de Thierry Martens. ALOST, 1845, in-8, front., fig., 246 pp., demi-rel. chagr. vert, non rog. (*On a ajouté 1 ex. broché*).

873. **Rousselle** (Hipp.). Bibliographie montoise. Annales de l'imprimerie à Mons, dep. 1580 jusqu'à nos jours. MONS, 1858, in-8, 771 pp., demi-rel. avec coins de chagr. rouge, tête dor., non rog.

>On y a joint un exemplaire broché.

874. **Goovaerts** (Alp.). Histoire et bibliographie de la typographie musicale dans les Pays-Bas, avec 9 phototypies. ANVERS, 1880, in-8, 608 pp., demi-rel. chagr. orange, non rog. (*Lettre ajoutée*).

875. **Van der Meersch**. Notice sur la vie et les travaux de quelques imprimeurs Belges, établis à l'étranger, pend. les XVe et XVIe siècles. GAND, 1844, in-8, 338 pp., demi-rel. chagr. bl.

876. **Imprimerie en Belgique** (Réunion de 20 vol. ou broch. sur l'), in-8, rel. et br.

>**Gilliodts van Severen**. L'œuvre de Jean Brito. 1897 (2 ex.). — Corresp. de Chr. Plantin, publ. par M. **Rooses**. 1883, 2 vol. — **Ruelens et de Backer**. Annales Plantiniennes. 1866. — **Vincent**. L'histoire de l'imprimerie en Belgique. 1867, (2 ex.). — **Iseghem**. Biographie de Th. Martens. 1852, (2 ex.). — **De Gand d'Alost**. Recherches sur la vie et les éditions de Th. Martens. 1845, (3 ex. dont 2 rel.). — **Van der Meersch**. Quelques imprimeurs belges établis à l'étranger pend. les XVe et XVIe siècles. 3 plaq. — **Bergmans**. Les imprimeurs belges à l'étranger. 1897. — **Hénaux**. Introduction de l'impr. dans le pays de Liège. 1843. — **Simonis du Pui**. Dissertatio hist. jur. de juris typographorum et bibliopolarum in regno Belgico. 1819. — Certificats délivrés aux imprimeurs des Pays-Bas, par **Plantin**. 1881.

877. **Imprimeurs belges** (Réunion de 12 broch. sur les). En 1 vol. in-8, figures, demi-rel. chagr. rouge, non rog.

>**Van Praet**. Les éditions de Colard Mansion. 1837. — **Colard Mansion** et les imprimeurs brugeois au XVe siècle. — Notice sur *Pierre Werrecoren*. 1851. — Renseignements inédits sur les *imprimeurs de Louvain* au XVe siècle, par **Van Even**. 1866. — Généalogie des *premiers imprimeurs Liégeois*, par **Helbig**. — Hub. **Goltzius**, par **Van Hulst**. 1846. — **Rutger Velpius**, imprimeur à Mons. Introductions hist. sur **Arnaud de Keysere**. 1479 à 1482. — Des marques de quelques imprimeurs, par **Vander Meersch**. — Notice sur les imprimeurs belges, par **de Reume**. 1848. — Glanures bibliographiques par **Van Even**. 1851. — Éphémérides bibliographiques des Pays-Bas, par **Van der Haeghen**.

878. **Belgique** (Annuaire de la bibliothèque roy. de), par le Baron de Reiffenberg. BRUXELLES, 1840-1851, 12 vol. in-12, cart., non rog.

879. **Bibliotheca Belgica**. Bibliographie générale des Pays-Bas, publ. par Ferd. Vander Haeghen et R. Vanden Berghe, avec la collaboration de Victor Vanden Haeghen et Alph. Roersch. GAND, 1880-1905, 175 livr. petit in-12 en feuilles, nombreuses marques d'imprimeurs (1 à 171, 176 à 179).

880. **Bibliophile Belge** (Le), pub. par Heussner et Scheler, de l'origine 1845 à 1863. 20 tom. en 10 vol., demi-veau fauve. — Nouvelle série, Tome I, 1866 à 1874, 6 vol. demi-rel. veau vert. BRUXELLES, 1845-1874. Ens. 16 vol. in-8, fac-simile, demi-rel. v.

881. **Voisin** (Aug.). 4 opusc. en 1 vol. in-8, demi-rel.

> 1º Recherches sur la bibliothèque de l'Université de la ville de Gand, 79 pp. — 2º Notice sur les imprimeries particulières des Pays-Bas. 1840 (tiré à 40 ex.). — Recherches sur quelques anc. impressions des Pays-Bas. — Statistique des Bibliothèques publ. de la Belgique. GAND, 1839-40.

882. **Voisin**. Documents pour servir à l'histoire des bibliothèques en Belgique et leurs princip. curiosités littéraires. GAND, 1840, 1 vol. — **Namur**. Histoire des bibliothèques publiques de Bruxelles. BRUXELLES, 1840, 2 vol. — Ens. 3 vol. in-8, demi-rel.

883. **Belgique** (Bibliographie en). 7 vol. ou opusc. in-8, br.

> **Desmazières**. Bibliographie Tournaisienne. 1882. — Bibliotheca Erasmiana, bibliographie des œuvres d'Erasme. 1897-1901, 3 vol. — Fétis. Rapport sur la situation de la Bibliothèque Royale. 1896. — Bibliotheca Erasmiana, édition de 1893. 2 vol. in-4.

XIV. ITALIE (Imprimerie en)

Rome. — Alba. — Brescia. — Fano. — Ferrare. — Florence. — Frioul. — Gênes. — Mantoue. — Milan. — Naples. — Parme. — Pavie. — Subiaco. — Trente. — Venise. — Vicence, etc.

884. **Orlandi** (Ant.). Origine e progressi della stampa, ossia dell'arte impressoria e notizie dell'opere stampa dall'anno 1457 sino 1500. BOLOGNA, 1722, in-4, maroq. vert, fil., dos orné. (*Rel. ancienne*).

885. **(Orlandi)**. Origine e progressi della stampa ossia dell arte impressoria e notizie dell' opera stampate dall'anno 1457, sino all'anno 1500. BOLOGNA, 1722, in-4, veau. (*Deux exemplaires. — Portrait ajouté, dessiné à la plume*).

886. **(Maura Boni)**. Lettere sui princip. libri a stampa di Alcune cittae terre dell. Italia superiore. VENEZIA, 1794, in-4, 140 pp., demi-rel. bradel, n. rog. — **Requeno** (V.). Osservazioni sulla chirotipografia ossia antica arte di stampare a Mano. ROMA, 1810, in-8, 106 pp., cart.

887. **Lippmann** (F.). The art of Wood engraving in Italy in the fifteenth century. LONDON, 1888, in-4, XXII et 179 pp., avec planches, demi-rel. v.

888. **Fumagoli** (G.). Lexicon typographicum Italia. Dictionnaire géographique d'Italie pour servir à l'histoire de l'imprimerie dans ce pays. FLORENCE, 1905, in-8, XLVII-587 pp., fig. et fac-simile, br.

889. **Rossi** (J. B. de). De Hebraicae typographiae origine ac primitiis seu antiquis ac raris. hebraicorum librorum editionibus sec. XV. Disquisitio his.-crit. PARMAE, 1786, in-4, 100 pp., demi-rel. chag. rouge, n. rog.

> A la fin : Annali hæbræo-tipografici di Sabbioneta sotto Vespasiano Gonzaga. 1780, 32 pp. — **Rossi** (B. de). Annales hebraeo-typographici sec. XV. PARMAE, 1795-99, in-4, XXIV-184 pour la 1re partie et 68 pour la 2e. 2 parties en 1 vol. in-4, demi-rel. chag. vert.

890. **Audiffredi** (J.-B.). Specimen hist. crit. editionum italicarum saec. XV, in quo præter editiones, ab. Orland. Mettario, Denisio, Laerio, et a nonn. bibliographies recent. hact. relatas, etc. ROMAE, 1794, in-4, 457 pp., demi-rel. chagr. rouge, non rog. (2 *exemplaires*).

891. **Geramia** (Ang.). Bibliotheca italiana, o'sia notizia de libri rari nella lingua italiana. VENEZIA, 1728, in-4, veau. *On y a ajouté* :

Fontanini). Biblioteca italiana o'ssia notizia de libri rari nella lingua italiana.VENEZIA, 1741, in-4, vélin.
Faelli (Em.). Saggio sulle bibliografie degli incunabuli.CASTELLANO, 1887, in-12, 40 pp., demi-rel. chagr. br.

892. **Anonymes italiens**. Dizionario di opere anonime e pseudonime di scrittori italiano, come che sia avenuti relazione all italica, di G. M. MILANO, 1848-59. 3 vol. — **Passano**. Dizionario di opere anonime e pseudonime in suppl. a quello di Gaetano Melzi. ANCONA, 1887, 1 vol. — Ens. 4 vol. gr. in-8, br., couv.

893. **Bibliographia** dei romanzi e poemi cavallereschi italiani sec. edizione. MILANO, 1838, in-8, cart. (*Deux exemplaires*, dont un avec le rare supplément du fac-simile en 25 pl.). Ens. 3 vol.

894. **Lair et Ugolini** (Specimen historicum typographiae romanae XV, saeculi opera et studio).ROMAE, 1778, in-8, demi-rel. chag. rouge.,n. rog.(*Exemplaire annoté par Mercier de St-Léger*). — Lettere tipogr. dell ab. Ugolini al B. Lair. MAGONZA, 1775, in-8, v. — Ens. 2 vol.

894 bis. **Lair**. Le même ouvrage, in-8, vél. (*Deux exempl. en vélin et un cartonné*).

895. **Catalogus** hist. crit. *Romanorum editionum* saec. XV. ROMAE, 1783, in-4, XVII et 476 pp., maroq. vert, fil., dent. int., tr. dor. (*Ottmann-Duplanil*).

895 bis **Castellani** (C.). Notizia di alcune edizioni del secolo XV, non conosciute fin ora dai bibliografi, un exemplare delle quali e conservato nella biblioteca Vittorio Emanuele di Roma. ROMA, 1877, gr. in-8, 38 pp., demi-rel. chagr. r., couv.

896. **Index librorum** prohibitorum S.S. D. N. Benedicti XIV, pontificis maximi. ROMÆ, 1758, 1 vol. — Index librorum prohibitorum, usque ad diem 4. Junii anni, 1744, regnante Benedicto XIV. ROMÆ, 1752, 1 vol. — Catalogue des ouvrages mis à l'index contenant le nom de tous les livres condamnés par la Cour de Rome depuis l'invention de l'Imprimerie jusqu'en 1825. — Index librorum prohibitorum cum regulis confectis per patris a Tridentia synodo delectos, auctoritate sanctiss. D. N. Pii III COLONIÆ. PARIS, 1826, 1 vol. — Ens. 4 vol. in-8 et in-18, rel.

897. **Lechi** (L.). Della tipografia Bresciana, nel secolo decimoquinto. BRESCIA, 1854, in-4, 128 pp. et 7 fac-similes, demi-rel. chag. lav.

898. **Zonghi** (Aur.). Le Antiche carte fabrianesi all'esposizione gén. italiana di Torino (à la fin). FANO, *Nella tipogr. Sonciniana*, 1884, in-4, 21 pp., demi-rel. chag. vert, n. rog. — (Vernazza). Della tipografia in Alba nel secolo XV. TORINO, 1815, in-8, 111 p., cart.

899. **Buruffaldi** (Gu.). Della tipografia Ferrarese dall' anno 1471 al 1500 saggio letter. bibliografico. FERRARA, 1777, in-8, 96 pp., demi-rel. toile. *On y a joint* :

Rossi (Bern.). De Typografia hebraeo-ferrariensi commentarius hist. quo Ferrariensis judaeorum editiones, etc. PARMAE, 1780, in-8, demi-rel., n. rog.

900. **Manni**. Della prima promulgazione de libri in Firenze, lezione istorica. FIRENZE, 1761, in-4, demi-rel. chag. brun, n. rog. *On y a joint* :

Fineschi (V.). Notizie stor. sopra la stamperia di Ripoli le quali possono servire all'illustrazione della storia tipografia fiorentina. FIRENZE, 1781, in-8, 59 pp., demi-rel. Bradel. — Pulignani. Notizie sull arte tipografica in Foligno XV secolo. 1900, gr. in-8, br. — Murr (Ch. Th.). Notitia libri rarissimi geographiae Francisi Berlinghieri, Florentini. NORIMBERGÆ, 1790, in-8, 24 pp., demi-rel. — Bandinius (A. M.). De Florentina Iuntarum typographia ejusque censoribus. LUCÆ, *typis Fr. Bonsignor*, 1791, 2 parties in-8, demi-rel. vélin blanc.

901. Batines (C.). Bibliografia Dantesca ossia catalogo delle edizioni, traduzioni, codici manoscritti e comenti della Divina Comedia. Prato, 1845, in-8, VIII et 769 pp., demi-rel. chagr. (*Tome premier seul paru*). — Annali délla tipografia Fiorentina di Lorenzo Torrentino impressore ducale. (Nombreuses éditions de Dante). Firenze, 1819, in-8, br. — **Petzholdt**. Bibliographia Dantea, ab anno MDCCCLXV, inchoata. Dresdae, 1872, in-8, 90 pp., br. — Ens. 3 vol.

902. Zannoni. Lettera dell'Abbatte Andria Zannoni..... cont. la relazione di alcune Edizioni del Secolo XV, non conosciute finora dai bibliografi. Faenza, presso M. Conti, 1808, in-8, de 46 pag. — **Catalogus** editionum sæculi XV quæ penes Andr. Zannonium Fanutia asservantur. Faventiæ typis Michaelis Conti, 1808, 25 pag., 2 part. rel. en un vol. in-8, cart. à la Brad. On y a joint :

Morelli (J.). Saggio epistolare sopra la tipografia del Friuli nel secolo XV del conte Antonio Bartolini Udinese. Udine, 1798, in-4, 118 pp., rel. Bradel, n. rog.

903. Vernarecci (Aug.). Ottaviano dé' Petrucci da Fossombrone inventore dei tipi mobili metallici fusi della musica nel secolo XV, seconda edizione. Bologna, 1882, in-8, 288 pp., fac-simile, demi-rel. Bradel, n. rog., couv.

903 bis Ottaviano dei Petrucci da Fossembrone, des erste Erfinder Musiknotendrucke (O. de Petrucci inventeur des notes de musique en caractères mobiles), von A. Schmid. Wien, 1845, in-8, 8 pl. de fac-simile, demi-rel. mar. r., tête dor., non rog.

904. Volta (L.-C.). Saggio stor. crit. sulla tipografia Mantouana del secolo XV. Vinegia, 1786, in-8, 44 pp., demi-rel. chagr. brun. On y a joint :

Staglieno (Marc.). Sui primordi dell'arte della stampa (in Genova) appunti e documenti. Genova, 1877, in-8, 38 pp., demi-rel. chagr. bl., n. rog., couv.

905. Arrigoni (L.). Xilografia italiana inedita posseduta e descritta da Arrigoni. Milano, 1884, in-4, 8 pp., fac-simile en carton. On y a ajouté :

Saxius (J. A.). Historia liter. typographica Mediolanensis, in qua de studiis literariis antiquis et novis in hac metropoli institutis. Mediolani, 1745, in-fol., chag. brun, fil., dent. int., tr. dor. (*Aux armes de Gomez de la Cortina*).

906. Giustiniani (Lor.). Saggio storico-critico sulla tipografia del regno di Napoli. Napoli, 1817, in-4, 296 pp., demi-rel. chag. rouge, n. rog.

906 bis Lettre à M. le Bibliothécaire de la Bibliothèque du Roi, à Naples. Naples, 1800, in-8, demi-rel. — Letture di Bibliologia fatte nella regia Universita degli studi in Napoli durante il primo semestre del 1865, da Tom. Gar. Torino, 1868, in-8 br.

907. Affo (P.-Ir.). Saggio di Memorie sur la Tipografia Parmense del secolo XV. Parma, 1791, in-4, 112 pp., demi-rel. bradel, n. rog. — **Siro Comi**. Memorie bibliografiche per la storia della Tipografia Pavese del secolo XV. Pavia, 1807, in-8, cart.

908. Vernazzo di Freney (Barone). Dizionario du tipografi e dei principali correttari ed intagliatori che operarono negli Stati Sardi di Terræferma e piu specialmente in Piemonte sino all' anno 1821... Torino, 1859, in-4, 328 pp., demi-rel. chagr. vert, non rog.

Livre très rare. Il n'a jamais été terminé et a été mis au pilon (note de A. C.). On y a joint : **Vernazza** (Barone). Osservazioni tipografiche sopra libri impressi in Piemonte nel secolo XV. Bassano, 1807, in-8, 91 pp., demi-rel. chag.

909. Subiaco (Imprimerie à). 3 opusc. en 1 vol. in-8, fac-simile, demi-rel. mar. bl., non rog.

Remarques sur la notice du Lactance, impr. à Subiaco (1465, ins. dans l'Esprit des Journaux de Juillet 1780 par Mercier de St-Léger). — Extr. à pag. cont. (*Lettre aut. s. de M. de St-L. ajoutée*). — Di un codice Subiacense, discorso di C. Fumagalli. Lugano, 1875. — Alla ricerca di un furto, da C. Panattoni. Roma, 1887, 26 p. (*Disparition d'un ex. du Lactance de Subiaco de la Bibl. de la Casanata*).

910. **Ambrosi.** I tipographi **Trentini** e le loro edizioni. TRENTO, 1890, 33 p. ch., cart. — **Carmoly.** Annalen der hebraïschen Typographie von Riva di Trento. FRANKF. am *M.*, 1868, 16 p., br. — Ens. 2 opusc. in-8, rel. et br.

911. **Sardini** (Giacomo). Esame sui principi della francese ed italiana tipografia overo storia critica di Nicolao Jenson. LUCA, 1796-1798, 3 tomes en 1 vol. in-4, avec 5 planches demi-rel. — Le même ouvrage. LUCA, 1796-98, 3 tom. en 1 vol. in-fol., demi-rel. bas.

912. **Brown** (Hor.). The Venetian printing press an histor. study based upon documents for the most part hitherto unpublished. LONDON, 1891, in-4, XVII-463 pp., 22 pl., rel. toile. (*With twenty-two fac-similes of early printing*). — L'Arte della Stampa nel rinascimento italiano Venezia. VENEZIA. *Ongania*, 1894, in-4, nombr. marques d'impr., broché.

913. **Aldo-Manuzio.** Lettres et documents, 1495-1515. Armand Baschet collexit et adnotavit sumpt. Ant. Antonelli. VENETIIS, 1867, in-8, demi-rel. avec coins de veau fauve, tête dor., n. rog., couv. (*Petit*).

914. **Renouard** (Ant.-August.). Annales de l'imprimerie des Alde, ou histoire des trois Manuce et de leurs éditions. PARIS, 1834, in 8, portr. et figures, XVI-588 et 68 pp. pour le suppl., demi-rel. chagr. rouge, n. rog. — Alde Manuce par A. F. Didot. PARIS, 1875, in-8 br. — **Castellani.** La Stampa in Venezia Aldo Manuzio. VENEZIA, 1889, in-8, 134 pp. br., etc. Ens. 6 vol. ou broch.

915. **Mélanges.** 7 pièces ou opuscules en un vol. in-4, demi-rel. toile.

Sette palazzi di Venetia nuovum. illustrati per Gius. Tassini. VENEZIA, 1870. — Gli archivi della Republica Veneta dal secolo XIII al XIX memoria di B. Ceccheti. VENEZIA, 1865. — Ign. Guidi. Il testo Siriaco della descrizione di Roma nella storia attribuita a Zac. Retore. ROMA, 1885. — Des voies d'exception employées contre les Martyrs, par Edm. Le Blant. — Un supplément aux *Acta Sincera* de Ruinart, actes inédits de l'évêque de Pamphylie Nestor, martyr, le 28 février 250 par B. Aubé. — Essai d'interprétation d'un fragment du Carmen apologeticum de Commodien, par B. Aubé. — Vies des Saints traitées au point de vue de la géographie historique, par le Vicomte de Ponton d'Amécourt. 1870.

916. **Guiliari.** Della tipografia Veronesi. VERONA, 1871, gr. in-8, br. — Della litteratura Veronese al cadere del secolo XV e delle sue opere a stampa. BOLOGNA, 1876, in-8, 403 pp., demi-rel. bas., n. rog. — Ens. 2 vol.

917. **Turin, Trévise, Vicence, etc.** (Imprimerie à). 6 vol. ou opusc. in-4, in-8, et in-12.

Catalogo ragionato de libri stamp. in Vicenza. **Vicenza**, s. d., in-8, demi-rel. v. (Rossi). Memorie Trivigiane sulla Tipografia del Secolo XV. VENEZIA, 1805, in-4, pap. fort, demi-rel. vél. — **Pezzana.** Notices bibliogr. sur les deux éditions les plus rares du XVe siècle. GÊNES, 1809, in-8 br. — Cenni sull'origine e sui progressi dell arte tipografica in Torino dal 1474 al 1861. M. Marocco. TORINO, 1861, in-12 br. — Memorie Trevigiane sulla tipografia del secolo XV. VENEZIA, 1805, in-4 br. — Congettura del M^{se} G. Sardini sopra un'antica Stampa (in Lucca 1468). FIRENZE, 1793, in-4 rel. — Tipografia del secolo XV (Appendice). MILANO, 1834, in-8 br. Ens. 6 vol.

XV. ANGLETERRE (Imprimerie et bibliographie en)

918. **Dissertation** sur l'origine de l'imprimerie en Angleterre, traduite de l'anglais du Docteur Middleton par Imbert. PARIS, 1775, in-8, 45 p., demi-rel., n. rog.

918 *bis* **Angleterre** (Dissertation sur l'origine de l'imprimerie en), trad. de l'anglais de Middleton, par Imbert. 1775, 41 p. — Vie et les ouvrages de William **Caxton**, par Leroux de Lincy. 47 p. — *Proposals for printing by Minshull*. — The *Caxton* reproductions, by Beedham. 1879, en 1 vol. in-8, fac-similes, demi-rel. (Lettre ajoutée).

919. **Dibdin.** Typographical antiquities ; or the history of printing in England. Scotland and Ireland, containing memoirs of our ancient printers and a register of the books

printed by them. begun by the late Joseph Ames, considerably augmented by William Herbert... LONDON, 1810-19, 4 vol. in-4, port., demi-rel. maroq. bleu, non rog. (*Le tome 2 manque*).

920. **Blades** (W.). The life and typography of William Caxton, England's first printer, with évidence of his typographical connection with Colard Mansion, compiled from original sources, by William Blades. LONDON, 1861-63, 2 vol. in-4, 57 planches, demi-rel. bas. (*2 lettres ajoutées*).

921. **Berjeau** (J.-Ph.). Early Dutch, German and English printers marks. LONDON, 1866, in-8, 100 marques d'imprimeurs et 36 p. Index, demi-rel.

922. **Duff** (Gordon). Early English printing, a series of fac-similes of all the types used in England during the XVth century, with some of those, used in the printing of English books abroad. LONDON, 1896, in-4, 40 pp. de texte et 40 planches de fac-similes en carton.

On y a joint: The stationers at the sign of the Trinity in S. Paul's churchyard, by G. Duff. 46 pp fac-simile (Extrait).

923. **Madan** (F.). The early Oxford press a bibliography of printing and publishing at Oxford, 1468-1640, with notes, appendixes and illustrations. OXFORD, 1895, in-8, fig., rel. toile.

924. **Bradshaw** (H.). The printer of *Historia s. Albani*. 16 p. et 1 fac-simile. — *A classified* index of the fifteenth century books. Collection Meyer, 1870, 28 p. — *List* of the founts of type and woodcut devices used by printers in Holland. 1871, 23 p., (fac-simile). — *Notice* of a fragment of the fifteen oes and other prayers printed at Westminster, etc. 1877, en 1 vol. in-8, demi-rel. chag. (Lettre ajoutée). — **Bradshaw** (Collected papers of Henry) late university librarian. CAMBRIDGE, 1889, in-8, 500 pp. et 13 pl., rel. toile.

925. **Imprimerie- Bibliographie**. Bibliographica part. II et XI. — The illustration in French books of hours, 1486-1500, by **Pollard**. — A Catalogue of the original library of ST-CATHARINES. HALL,1475 (1840).— *The library*(JENNINGS lettres initiales historiées). 1901. — *Hand-lists* of English printers. 1501-1556, by **Gordon Duff**, part III. — *A Short* Catalogue of English books in Archbishop MARSH's library Dublin, printed before by NEWPORT, 1905. — A list of books and papers on printers and printing under the countries and towns to which they refer compiled by the late Talbot Baines REED (lettres ajoutées). — A Collection of the Emblem books of Andrea Alciati by SEARS. 1888. — Authorship and publication a concise guide for authors printing and publishing. 1882. — **Duff**.The printers, stationers and bookbinders of London and Westminster in the fifteenth century. 1899. — Guide to the exhibition of manuscripts printed books pictures and other exhibits in the Art gallery and MUSEUM SCHOOLHILL. 1885. — Ens. 12 ouvr. in-8 et in-4, br., fac-simile.

926. **Angleterre** (Imprimerie en). 12 vol. ou opusc. in-8 et in-4, rel. et br.

Bigmore and **Wyman**. A Bibliography of printing with notes et illust. 1880-86, 2 vol. in-8, fig. — **Bradbury**. Printing its dawn. day et destiny an address delivered at the royal institution of Great Britain. 1858, 1 vol. — **Cotton**. A Typographical gazetteer. 1831, 1 vol. (2 ex.). — **G. Duff**. Early printing books. 1893, 1 vol. (fac-simile). *Hessels, Gutenberg*, 1882. — **Imbert**. Diss. sur l'origine de l'impr. en Angleterre. 1775, (3 ex.). — **Tracts on early printing**.List of the founts of type and woodcut devices used by the printers, etc. 1895-97 (fasc. 1 et 3), *Fifty Copies*. — **Willett** (A.). Memoir on the origin of printing. 1820.

927. **Bibliographical** dictionnary (A). of the living authors of Great Britain and Ireland; comprising literary mémoirs and anecdotes of their lives. LONDON, 1816, in-8, VIII-449 pp., demi-rel. *On y a ajouté* :

a. **Moss** (J. W.). A manual of classical bibliography : comprising a copious detail of the various editions of the greek and latin classics, etc. Second édition. LONDON, 1837, 2 vol. in-8, rel. toile.
b. **Toovey** (J.). A Catalogue of an extensive and extraordinary assemblage of the productions of the Aldine. LONDON, 1880, in-8, 58 pp., pap. de Holl., demi-rel. maroq, brun, n. rog.
c. **Botfield** (Beriah). Prefaces to the first editions of the greek and roman classics and of the sacred scriptures. LONDON, 1861, in-4, LXXI et 674 pp., demi-rel.

928. **Weale** (J.). Bibliographia liturgica. Catalogus missalium ritus latinis ab anno 1473 impressorum. LONDINI, 1886, in-8, VII et 296 pp., demi-rel. chag., tête dor., n. rog.

929. **Lowndes** (W.-T.). The bibliographer's manual of english literature containing an account of rare curious and useful books, published in or relating to Great Britain and Ireland, etc. LONDON, 1864, 5 part. en 4 vol. in-12, demi-rel. bas.

930. **Dibdin**. Bibliomania ; or book-madness ; a bibliographical romance, illustrated with cuts. LONDON, 1876, in-8, XVII-618 p. chif. et 32 p. non chif. demi-rel. — **Merryweather** (Somner). Bibliomania in the middle ages, or sketches of bookworms collectors. bible students, scribes, and illuminators from the Anglo-Saxon and Norman conquest. LONDON, 1849, in-12, rel. toile.

931. **Frère** (Ed.). Des livres de liturgie des églises d'Angleterre (Salisbury, York, Hereford), imprimés à Rouen dans les XVe et XVIe siècles, étude suivie du catalogue de ces impressions de 1492 à 1557, avec notes. ROUEN, 1857, in-8, 66 pp., demi-rel. chag. rouge, n. rog., couv.

Tiré à 125 exemplaires tous sur *papier grand raisin vergé*.

932. **Delepierre** (O.). Description bibliographique et analyse d'un livre unique qui se trouve au Musée Britannique par Tridace-Nafé-Théobrome. Au MESCHACÉBI, 1849, in-8, VIII et 170 pp., demi-rel. avec coins de mar. r., tête dor., n. rog.

Papier de Hollande, tiré à 100 exemplaires, non mis dans le commerce.

932 *bis* **Blades** (W.). An account of the German Morality play, intitled *depositio cuti typographici*, as performed in the 17 th. et 18 th. centuries, etc. *London*, 1885, in-4, fac-similes, demi-rel., n. rog. (*Envoi d'auteur*).

933. **Martin** (John). A Bibliographical catalogue of books privately printed ; including those of the Bannatyne Mailtand and Roxburghe clubs and of the private presses. LONDON, 1834, in-8, XIV-563 pp., front., rel. toile.

934. **Morgan** (Aug. de). Arithmetical books from the invention of printing to the présent time being brief notices of large number of works. LONDON, 1847, in-8, XXVIII-124 pp., demi-rel. chag. brun.

935. **Bibliographical society** (Monographs issued by the). I. REDGRAVE : Erhard Ratdolt. — IV.The early printers of Spain and Portugal, by HAEBLER. — V. Le Chevalier délibéré by Olivier de La Marche. — VI. **Claudin**. The first Paris press. — IX. **Barwick**. A book bound for Mary Queen of Scots. — X. **Gibson**. Early Oxford bindings. — XI. **Steele**. The earliest English music printing. — XII. **Madan**. A Chart of Oxford printing. — XIII. **Gray**. The earliest Cambridge stationers. LONDON, 1899-1904. — Ens. 9 fasc. in-4, pap. vergé, fac-similes br.

936. **Bibliographical society**.(Transactions of the). Section 1892 à 1904. LONDON, 12 parties in-4, brochés.

On y a joint : **Proctor**. Classified index to the Serapeum. 1897. — A list of marques, pageants by Walter Wilson Greg. 1902. — A list of English plays written before 1643, by **Greg**. — **Plomer**. Robert Wyer, printer and bookseller. 1897.

937. **Burton** (John Hill.). The book-Hunter, etc., second edition. EDINBURG, 1863, in-12, VIII et 408 pp., rel. toile. *On y a joint* :

Duff. Gordon. A century of the english book trade short notices of all printers, stationers, book-binders, and others connected with it from the issue of the first dated book in 1457 to the incorporation of the company of stationers in 1557. LONDON, 1905, in-8, XXXV-200 pp. br., couv. Envoi d'auteur.

Curwen (H.). A History of booksellers, the old and the new. LONDON, s. d., in-8, portr., rel. toile.

Blades (Will.). The enemies of books. LONDON, 1880, in-8, fig., broché.

938. **Horne** (Herbert). The binding of books, an essay in the history of gold tooled bindings. LONDON, 1894, in-8, XIII-224 pp., et 12 planches, rel. toile.

XVI. ECOSSE (Imprimerie en)

939. **Edmond** (J.-P.). The Aberdeen printers. Edwards Raban to James Nicol (1620-1736). ABERDEEN, 1884, 4 vol. in-8, pap. de Holl., demi-rel. toile, n. rog.

940. **Dickson** (R.). Introduction of the art of printing into Scotland. ABERDEEN, 1885, in-8, XVI-98 pp., fac-simile, rel. toile, non rog.

941. **Dickson and Edmond.** Annals of scottish printing from the introd. of the art in 1507, to the beginning of the XVII century. CAMBRIDGE, 1890, in-4, 530 pp., fac-simile, rel. toile.

942. **Edinburgh bibliographical society** (The) Papers. Tome IV, part. I, Octobre 1900. Tome IV, part. II, Octobre 1901. Tome V, may 1901. Tome VI, part. I, Juin 1904. EDINBURGH, 1900-1904, 4 part. in-4, pap. vergé en ff. (*Lettre ajoutée*).

XVII. SUISSE (Imprimerie en)

943. **Favre.** Notice sur les livres imprimés à Genève dans le XVe siècle. GENÈVE, 1855, in-8 de 60 p. ch., demi-rel. mar. bl. (*Ex. interfolié*). — Arrêts du conseil de Genève sur le fait de l'imprimerie et de la librairie, de 1541 à 1550, rec. par A. **Cartier.** GE-NÈVE, 1893, in-8, fac-simile, br., etc. Ens. 3 opusc.

L'ouvrage de M. Cartier n'a été tiré qu'à 115 ex. Envoi et lettre aut. ajoutés.

944. **Gaulieur.** Etudes sur la typographie genevoise du XVe au XIXe s. GENÈVE, 1855, in-8, 3 pl. de fac-sim., demi-rel. mar. v., non rog., couv. imp.

944 *bis* **Dufour.** Notice biographique sur le Catéchisme de foi de Calvin (1537) et sur les autres livres imprimés à Genève et à Neuchâtel (1533-1540). 1878, in-12, demi-rel., n. r.

945. **Suisse** (Catalogues de Bibliothèques publiques en). Réunion de 6 vol. in-8, br. et rel.

Catalogus der Burger-Bibliothek der Stadt Schaffhausen. 1824. — Bibliothecae Berniensis librorum typis editorum catalogus. BERNAE, 1764, 2 vol. — Katalog der Stadt-Bibliothek von Solothurn. 1841. — **Rudolphi.** Die Buchdrucker-familie Froschauer in ZURICH, 1869. — (**Wegelin**). Die Buchdruckerein der Schweiz. ST-GALLEN, 1836.

946. **Suisse** (Imprimerie. Bibliographie en). 6 vol. ou opusc. in-8 et in-12, br.

Bernus. Notice bibliogr. sur Richard Simon. 1882. — **Delisle.** Documents parisiens de la biblioth. de Berne. 1896. — Collection des bibliophiles Genevois, n° 1. — **Chaponnière.** Notice sur Fr. *Bonivard.* 1846, (2 fasc. extrait). — (**Baudrier**). Une visite à la biblioth. de l'Université de Bâle. 1880. — Catalogue des portraits des mss. et incunables de la biblioth. de Genève. 1874.

947. **Harisse** (H.). Les premiers incunables Bâlois et leurs dérivés ; Toulouse, Lyon, Vienne-en-Dauphiné, Spire, Eltvil, etc., 1471-1484. Essai de Synthèse typographique seconde édition, augmentée. PARIS, *Claudin*, 1902, pet. in-4, 71 pp., fac-simile, br. (34 *exemplaires*).

XVIII. ESPAGNE. — PORTUGAL

948. **Mendez.** Tipografia Espanola, o historia de la introduccion, propagacion y progresos del arte de la imprenta en Espana. MADRID, 1861, in-8, XIV et 436 pp., facsimile, demi-rel. chag. bl. (*Deux exemplaires*). — **Diosdado** (R. Cab.). De Prima typographiæ hispanicæ ætate specimen. ROMÆ, 1793, in-4, XXXVI et 134 pp., demi-rel. chagr. viol.

949. **Pérez Pastor.** Bibliografia Madrilena o descripcion de las obras impresas en Madrid (siglo XVI). MADRID, 1891, gr. in-8, XLVII-439 pp., qq. marques d'impr., demi-rel. chag. rouge, non rog., couv.

950. **Pérez Pastor** (Crist.). La Imprenta en Toledo, descripcion bibliograf. de los obras impresas en la imp. ciuda desde 1483 hasta nuestros dias. MADRID, 1887, gr. in-8, XXIII et 392 pp., q.q. fac-simile, demi-rel. chagr. r., non rog.

951. **Haebler** (C.). Bibliografia Ibérica del siglo XV, enumeracion de todos libros impresos en España y Portugal, hasta el año de 1500, con notas criticas. LA HAYA, 1903, in-8, VII-385 pp., br. (Lettre de l'auteur à M. A. C. ajoutée).

952. **Garcia** (J. Cat.). Ensayo de una *tipografia complutense* obra primedia por la Biblioteca nac. en el concurso publ. de 1887 é impr. à costa del estado. MADRID, 1889, gr. in-8, 677 pp., demi-rel. chagr. r., non rog., couv. (*Deux exemplaires*).

953. **Hazanas y la Rua.** La imprenta en Sevilla (1475-1800). SEVILLA, 1892, in-8, 143 pp., demi-rel. chag. rouge, non rog. — Tipografia hispalense anales bibliograficas de la ciudad de Sevilla, por Fr. **Escudero y Perosso.** MADRID, 1894, 1 vol. fac-simile.

954. **Serrano y Morales.** Resena hist. en forma de diccionario de las imprentas que han existido en Valencia... VALENCIA, 1898-99, gr. in-8, XXVII et 657 pp., fac-similes, demi-rel. chag. noir, non rog., couv.

955. **Espagne** (Imprimerie en). 1 vol. et 2 opusc. in-8, br.

La Imprenta en *Medina del Campo* por C. PEREZ PASTOR. 1 vol. 1895. 526 pp. — **Haebler.** Sur quelques incunables espagnols relatifs à Christophe Colomb. 1900. — *Lettre* d'indulgences en faveur de l'église d'Oviedo. 1485.

956. **Noronha** (Tito de). A imprensa Portugueza dur. o seculo XVI. PORTO, 1874, in-8, pap. vergé, 108 pp., demi-rel. chagr. rouge, non rog., couv. (*Tiré à 260 ex.*).

On y a ajouté : **Née de La Rochelle.** L'art typographique en Espagne et en Portugal. 1830, in-8, 74 p. — Documentos para a historia da typographia portugueza nos seculas XVI e XVII, parte 2. 1882, in-8 br.

XIX. RUSSIE. — SUÈDE

957. **Minzloff.** Souvenir de la bibliothèque imp. publ. de St-Pétersbourg, cont. des gravures et autres feuilles volantes du XVe siècle. LEIPZIG, 1862, in-4, 23 pp., 6 fac-similes, rel. toile.

958. **Schröder** (J.-H.). Incunabula artis typographicæ in Suecia, quibus solemnia inaugurationis philosophicæ à condita academia Upsaliensi LXXV celebranda, etc. *Upsaliæ*, 1842, in-4, 49 pp., demi-rel.

XX. PAYS ORIENTAUX

959. **Medina** (J.). Bibliografia Espanola de las Islas Filipinas (1523-1810). SANTIAGO DE CHILE, 1898, in-8, 556 pp., br. (*Tiré à 200 exemplaires*).

960. **Bibliographies spéciales.** — **Schwab**. Les Incunables orientaux et impressions orientales du commencement du XVIe siècle. 1883, demi-rel. — **Martin**. Catalogue d'ouvrages relatifs aux Iles **Hawai**. 1867. — **Barbié du Bocage**. Bibliographie **Annamite**. 1867. — **Cordier**. Essai d'une bibliographie des ouvr. publiés en **Chine** par les Européens. 1883. — Ens. 4 plaquettes in-8, rel. et br.

961. **Bianchi**. Bibliographie ottomane ou notice des ouvrages pub. dans les imprimeries turques de Constantinople et en partie dans celles de Boulac, les derniers mois de 1856, jusqu'à ce moment. N° I. PARIS, 1863, in-8, 125 pp. br.

962. **Mason Satow** (E.). The Jesuit mission press in Japan, 1591-1610. (Privately Printed). 1888, in-4, 54 pp., et 11 fac-similes, demi-rel. chagr. br., non rog., couv.

XXI. AMÉRIQUE

963. **Boston**. Index to the catalogue of books in the upper hall of the public library, of the city of Boston. BOSTON, 1858-1861, 2 vol. gr. in-8, 902 pp., demi-rel.

964. **Description** of the early printed books owned by the Grolier club with a brief account of their printers and the history of typography in the XVth C°. NEW-YORK, 1895, in-4, 78 pp., fac-similes, demirel. (*Envoi et lettre ajoutée signée Lawrence*).

965. **Icazbalceta** (J.-G.). Bibliografia Mexicana del siglo XVIe primera parte. Catalogo razonado de libros impresos in Mexico de 1539 à 1600. Con biografias de autores y otras ilustr. prec. de una noticia. MEXICO, 1886, in-4, 423 pp., nombr. fac-similes, demi-rel. chagr. brun, non rog., couv.

Papier de Hollande, tiré à 350 exempl. Envoi d'auteur.

966. **Amérique** (Bibliographie et Imprimerie en). Réunion de 12 opusc. ou vol. in-8, demi-rel. chag. rouge, non rog. et br.

Introduccion de la imprenta en America con una bibliografia de las obras impresas en aquel hemisferio desde 1540 a 1600 por el autor Bibl. Americana. MADRID, 1872, 59 pp. et *fac-simile*. — Quesada. Impr. dans l'Amérique Espagnole. 1879. — **Catalogue** de M... (Bibliotheca Mexicana). 1868. — **Memoranda** relating to the early press of Iowa. 1880. — **Leclerc**. Bibliotheca Americana. 1867, 407 pp., br. — **Desjardins**. Rapport sur les deux ouvrages de Bibliogr. Américaine de Harisse. 1867, 20 pp. — **Figarola-Caneda**. Bibliografia de R. Merchan. HABANA, 1905, 48 pp. — **Harisse**. Grandeur et décadence de la Colombine. 1885. — **Watkins**. Bibliography of printing in America. 1906, (3 ex.).

XXII. HISTOIRE DE LA PRESSE. — BIOGRAPHIE. — RELIURE

967. **Werdet** (Ed.). Histoire du livre en France depuis les temps les plus reculés jusqu'en 1789. PARIS, 1860-61, 5 vol. in-12, demi-rel. chag. bl., non rog.

On y a joint : la quatrième partie (Imprimerie dans les provinces). Exemplaire annoté par l'auteur lettre ajoutée. (*Papier vélin, tiré à 2 exemplaires*).

968. **Hatin** (Eug.). Bibliographie hist. et crit. de la presse périodique française, ou catalogue systémat. et rais. de tous les écrits périod. de quelque valeur publiés ou ayant circulé en France depuis l'origine du Journal jusqu'à nos jours. PARIS, 1866, in-8, port., demi-rel. mar. br., non rog.

Exemplaire sur *papier de Hollande*.

969. **Hatin** (Eug.). Bibliographie hist. et crit. de la presse périodique française, ou catalogue systémat. et raison. de tous les écrits périodiques depuis l'origine du Journal jusqu'à nos jours. PARIS, 1866, in-8, portr. demi-rel. bradel, n. rog.

On y a joint : Deschiens. Bibliographie des Journaux de 1787 à ce jour. PARIS, 1829, in-8, demi-rel.

970. **Galerie universelle**, hist., civile, milit., polit. et littéraire (par une Soc. de Gens de Lettres). 1819, 2 tomes en 1 vol. — Biographie liégeoise, ou précis hist. de toutes les personnes qui se sont rendues célèbres dans le pays de Liège, par le Comte de Becdelièvre. 1836, 2 vol. Paris, 1816-36, etc. Ens. 12 vol. gr. in-8 et in-8, demi-rel.

971. **Biographie.** — **Jal.** Dictionnaire critique de biographie et d'histoire, deuxième édition. Paris, 1872, 1 vol. — **Dantès.** Dictionnaire biograph. et bibliographique. 1875, 1 vol. — Biographie des hommes remarquables des Bouches-du-Rhône. 1829, 1 vol. — Biographie des hommes remarquables de la Flandre occidentale. 1843, 2 vol. — Annuaire biographique, ou supplément annuel et continuation de toutes les biographies par Henrion 1834, 2 vol. Ens. 7 vol. gr. in-8 et in-8, rel. et br.

972. **Bibliophilie** (Histoire de la). Reliures, recherches sur les bibliothèques des plus célèbres amateurs. Armorial des bibliophiles publ. par Techener, avec le concours d'une Soc. de Bibliophiles et accompagn. de planches gravées à l'eau-forte, par Jacquemart. Paris, *Téchener*, 1861-64, 10 liv. in-fol., 50 pl. de reliures, en carton.

973. **Guigard** (J.). Armorial du bibliophile avec illustrations dans le texte. Paris, 1870-73, 2 tom. en 1 vol. in-8, demi-rel. chagr., tête peigne, non rog.

974. **Guigard** (J.). Nouvel armorial du bibliophile. Guide de l'amateur de ivres armoriés. *Paris*, 1890 2 tom. en 1 vol. gr. in-8, nombr. blasons, demi-rel. chag. r., n. rog.

975. **Thoinan** (Ernest). Les Relieurs français (1500-1800), biographie crit. et anecdot. préc. de l'histoire de la communauté des relieurs et doreurs de livres de la ville de Paris, et d'une étude sur les styles de la reliure. Paris, 1893, in-8,VII et 416 pp., fac-similes, br., couv. (*Envoi d'auteur*).

On y a joint : **Gruel.** Quelques mots sur l'exposition de la reliure. 1894. — Les Thouvenin relieurs. 1898. — Léon **Gruel.**Rel. de style à l'exp. de Chicago. 1893, fig. — **Bernard-Prost.** Documents sur l'hist. de la reliure. 1898. — **Bordeaux.** Quelques mots sur l'hist. de la reliure des livres.1858. — *Rapport* des ouvriers relieurs. Exp. de Londres, 1862, et quelques coupures de journaux sur les relieurs aux exp. 1855-62-68. — **Cartier.** Décoration extérieure des livres. 1885. — **Marius Michel.** Décoration extérieure des livres. 1878. — Album de 171 reproductions de reliures d'art. Collection de *La Croix Laval*; in-4, en carton. — **Schwarzius.** De ornamentis librorum et varia rei librariae. *Lepziae*, 1756.

976. **Ex-libris français**, depuis leur origine jusqu'à nos jours, par Poulet-Malassis, nouvelle édition, augmentée et ornée de 24 planches. Paris, 1875, gr. in-8, br. et carton. (*Papier Whatman*). *On y a joint* :

Poulet-Malassis. Les ex-libris français. Paris, 1874, in-8 (sans les pl.). — **Wiggishoff.** Ex-libris de fers de reliure français. 1904, in-8, br. — **Benoit.** Les ex-libris anciens aux armes de Jeanne d'Arc. 1894, vign.

977. **Ex-libris.** Sammlung Aus der Bibliothek des Börsenvereins der deutschen Buchhändler. 65 meist unveröffentlich Blatter auf 50 Tafeln. Leipzig, 1897, in-4, 50 planches en carton.

978. **Imprimerie et gravure sur bois en France.** Documents pour servir à leur histoire. Environ 400 à 500 photographies, fac-similés et reproductions de titres, gravures sur bois de livres gothiques, lettres ornées et autres documents recueillis par M. Monceaux pour sa monographie des Le Rouge, imprimeurs à Paris, à Chablis et à Troyes, et autres pièces d'un intérêt général, réunies en 3 vol. in-fol., maximo, demi-rel. mar. bleu.

Les documents qui sont réunis ici n'ont pas tous été utilisés par M. Monceaux. — Plusieurs de ces pièces sont en doubles photographies, et premières épreuves. — Collection très intéressante.

978 *bis* **Clichés, cuivre, zinc et bois gravés.** Marques d'imprimeurs reproductions de figures anciennes ayant servi aux publications de M. A. Claudin, contenus dans plusieurs boîtes. Environ 780 clichés.

SECONDE PARTIE
THÉOLOGIE. — FIGURES DE LA BIBLE.
HISTOIRE DES RELIGIONS

979. **Biblia sacra.** LUGD., *J. Tornaesius*, 1567, in-8, nombr. figures sur bois, demi-rel. vélin.

    Edition ornée d'une quantité de petites figures sur bois, du Petit Bernard.

980. **Paradin** (Cl.). Quadrins historiques de la Bible. A LYON, *par Jean de Tournes*, 1553, in-8, fig. — **Quadrins** historiques d'Exode. A LYON, *par Jean de Tournes*, 1553, 2 part. en 1 vol. in-8, fig. sur bois, chagr. noir, comp. de fil. à froid, tr. dor.

    Premier tirage des gravures sur bois de Bernard Salomon, dit le Petit Bernard ; le titre du premier ouvrage est taché et plus court et détaché de la reliure. — Quelques taches et raccommodages.
    On y a joint : **Historiarum memorabilium** ex Exodo, sequentibusq. libris descriptio, per Gulielmum Borluyt. LUGDUNI, *Jean de Tournes*, 1558, in-8, figures sur bois du Petit Bernard, rel. vélin et divers défets pour les deux ouvrages.

981. **Paradin.** Historiarum memorabilium ex Genesi descriptio, per Gul. Paradinum. — Historiarum memorabilium, ex Exodo seq. libris descriptio, per Gul. Borluyt. LUGDUNI, *Apud Joan. Tornaesim*, 1554, 2 part. en 1 vol. pet. in-8, fig., demi-rel.

    Avec les figures sur bois par Bernard Salomon, dit le Petit Bernard. — Titre et quelques feuillets remontés.—On y a joint un exemplaire défectueux avec les titres des Quadrins historiques de la Bible. 1558.

982. **Figures** de la Bible illustrées de huictains françoys pour l'interprétation et intelligence d'icelles. A LYON, *par Guillaume Roville*, 1565, in-8, fig., demi-rel. bas.

    Gravures en bois de Moni. Taches aux premières pages et petit raccommodage à la dernière. On y a joint un exemplaire avec marges inégales de l'édition de 1582.

983. **Evangelia Slavice** quibus olim in regum Francorum oleo sacro inungendorum solemnibus, uti solebat ecclesia Remensis, vulgo texte du Sacre, edidit. J. B. Silvestre. Evangelia latine vertit. B. Kopitar. PARIS, 1843, in-4, dos et coins de mar. vert, dos orné, avec le fer rep. la cathédrale de Reims.

    Ouvrage orné de 94 fac-similés du ms. tirés en rouge et noir sur papier teinté, avec lettres capitales enluminées.

984. **Gerard de Jode.** Thesaurus sacrarum historiarum veteris (et novi). Testamenti, élegant.imaginibus expressum, excell. inoru hac arte virorum opera, nunc primum in luce éditus. ANTVERPIÆ, *Sumpt., atq. expensis Gerardi de Jode*, 1585, 2 tom. en 1 vol. in-fol. obl., titre gravé, v. (*Rel. fatiguée*).

    Recueil de 342 planches gravées sur cuivre par Ant. Wierix, Mich. de Coxi, Collaert, Goltzius, etc. d'après de Vos, etc. Le premier plat de la reliure est détaché. Quelques planches sont doublées.

985. **Guihermus** (Fol. A 2 recto). D(omi)nica prima in adve(n)tu Epistola. (In fine). Explicit Postilla super evangelia d(omi)nica || lia et sup(er) euangelia de Sanctis s(e)-c(um)d(u)m sensum literalem collecta. *S. l. v. a.* (XVe Sec.), in-fol. goth. à 2 col. de 101 ff. non ch., non rel.

    Impression anonyme à déterminer, Tridenti, Hermanus Schindeleyp, 1475-76. Pas dans Proctor. Hain. 8245. (*A. C.*). Déchirures dans la marge des premiers et derniers ff. — 20 ll. 76 1|2 mill. — Manque le dern. f. n° 8, peut-être blanc.

986. **Meffret.** (Sermones) alias Ortulus || regine de tempore, pars'Estivalis. (BASILAE, *Nicol. Kessler*, 1486), in-fol. goth. (*Edition attribuée aux presses de Kessler*. Proctor 7656. — *Partie d'Eté*).

    On y a joint : **Vincent.** Sermones estivales de tempore. Beati Vincentii ordinis fratrum predicatorum sacre theologie professoris acutissimi, etc. LUGDUNI, *B. Bounyn*, 1520, pet. in-4 goth. à 2 col., cart.

THÉOLOGIE

987. **Cassiodorus.** Hystoria Tripartita Cassiodori senatoris viri dei de regimine ecclesie primitive. LUGDUNI, *Joa. Frellon*, 1526, pet. in-4, goth. à 2 col., titre dans un encadr. gr. sur bois, avec la marque I.-F. parch.

988. **Savonarole.** Prediche del Rev. P.-F. Hier. Savonarola dell'ord. de predicatori sopra alquanti Salmi et sopra Aggeo Profeta fatte del Mese di nov. et déc. 1494, racc. dalla sua viva voce da frate Stefano da Codi Ponte suo discepolo. Nuovamente uenute in luce. VINEGGIA, *B. Bindoni*, 1544. — Triomphe della croce di Christo, della verita della religione, etc. 1547. — Opera di frate H. Savonarola della simplicita della vita christiana, etc. 1547. — Del R. P. F. Savonarola nella prima épistola di S. Giovanni, etc. IN VENETIA, *al segno de la Speranza*, 1547, 3 ouvr. en 1 vol. in-8, vél.

<small>Bel exemplaire dans sa première reliure. Provenant de la Collection Didot avec son ex-libris.</small>

989. **Pic de la Mirandole.** Joannis Francisci. Pici Mirandulæ domini et Concordiæ Comitis examen vanitatis doctrinæ gentium et veritatis christianæ disciplinæ distinctum in libros sex.(Fol. CCV). *Finis sexti et ult. libri Joannis Francisci Pici Mirandulæ domini et Concordiæ comitis in examen vanitatis doctrinæ gentium et veritatis Christianæ disciplinæ. Impressit Mirandulæ Joannes Maciochius Bundenius non authoritate modo eorum. ad quos pertinet sed pontificia. Anno a Virginis partu millesimo quingentesimo* (1520), *qua potuit diligentia.*(Marque de l'imprimeur à la fin). In-fol., rel. en ais de bois.

<small>Impression particulière. — Jean François Pic de la Mirandole, comte et prince de Concordia, fit venir dans son château de Mirandole un imprimeur de Ferrare du nom de Jean Maciochi et lui fit imprimer deux des ouvrages de son aïeul le célèbre savant, l'un intitulé *Liber de variis calamiatum causis nostrorum temporum*, in-4 de 34 ff. et le présent. (A. C.).</small>

990. **Richeome** (L.), Provencal. Tableaux sacrez des figures mystiques du sacrement de l'Eucharistie. PARIS, 1609, in-8, v., br.

<small>Titre gravé par Th. de Leu, Henri IV et Marie de Médicis y figurent à genoux. Nombreuses figures gravées par L. Gaultier et de Mallery.</small>

991. **Morin** (Prêtre de l'Oratoire). Histoire de la délivrance chrestienne par l'Emper. Constantin et de la grandeur et souveraineté temporel donnée à l'Eglise romaine par les Roys de France. PARIS, 1630, in-fol., titre gravé, veau. (*Armoiries sur les plats*).

992. **Delidel** (Cl.).La Théologie des saints où sont représ. les mistères et les merveilles de la grâce. PARIS, 1668, pet. in-4, veau brun, dent., semis d'aigles et de soleils sur le dos et les plats, tr. dor. (*Rel. anc.*).

<small>Curieuse reliure aux armes d'un *évêque de la famille Lejay*. Légère réparation au coin supériuer de la reliure.</small>

993. **Saint-Jacques** (Albert de). Lumière aux vivans par l'expérience des morts, ou diverses apparitions des âmes du Purgatoire de nostre siècle, qui racontent leurs peines et en recherchent le soulagement auprès de la sœur Françoise du T. S.-Sacrement, carmélite déchaussée, impr. en Espagne, et trad. en Franc. par A. de S.-J. LYON, 1675, in-8, vél. (*Très rare*).

994. **Bossuet** (J.-B.). Histoire des variations des Eglises protestantes. PARIS, *Vve de Séb. Marbe-Cramoisy*, 1688, 2 vol. in-4, br. (*Edition originale*).

995. **Histoire de la Confession d'Auxbourg** (*sic*), cont. les principaux traittez et ordonnances, faittes pour la religion, quand l'électeur Jean, Duc de Saxe, avec les citez et autres Princes Protestants, présentèrent leur Confession de Foy (icy insérée) à l'empereur Charles V, ès Estats génerauls de l'Empire, tenus à Auxpourg. 1530, rec. par Dav. Chytreus. ANVERS, *chez A. Coninx*, 1582, in-4, vél. (*Mouillures*).

THÉOLOGIE, PHILOSOPHIE, ETC.

996. **Calvin.** Institution de la religion chrétienne, nouv. mise en 4 livres, et distinguée par chapitres, en ordre et méthode bien propre, augm. aussi de tel accroissement qu'on peut presque estimer en livre nouveau. *S. l.*, 1562, in-fol., bas. (*Rel. anc.*).

997. **Bèze** (Th. de). Histoire ecclésiastique des Eglises réformées au royaume de France, en laquelle est descrite au vray la renaissance et accroissement d'icelles depuis l'an MDXXI, jusques en l'année MDLXIII... *de l'Imprimerie de Jean Rémy.* A ANVERS, 1580, 3 vol. in-8, dérel.

<small>Manque 6 ff. à la table ; fortes piqûres de vers dans les marges du fond du tome second. Haut. 157 millim.
On y a joint : **Bullingere.** Sermons sur l'Apocalypse (*incomplet*). — **Perrin.** Histoire des Vaudois. GENÈVE, 1609. — Histoire des Chrestiens Albigeois. 1618, dérel. — De la vérité de la religion chrest. par de **Mornay.** 1583 (*incomplet*). — Discours et méditations chrest., par de **Mornay.** 1610, 2 vol.</small>

998. **Bourignon** (Antoinette). (Imprimerie particulière). L'Etoile du matin, traité recœuilly des lettres que feu damoiselle Ant. Bourignon a laissées après sa mort, etc. A AMSTERDAM, *chez J. Riewers et Pierre Arents*, 1684, in-12, v. (*Marque Fleur de Lys*).

SCIENCES ET ARTS
I. Philosophie

999. **Aristote.** — **Polilogium** : ex Aristotelis Octo Politicorum libris operose manipulatum ; conclusiones CCC.LXXIIII cum alphabetico indice utiliter constringens. LIPSII, *impressit Wuolfgang. Monacen (sis), in platea Grimmensi. Apud S. Paulum,* (1500), in-fol., goth. à 2 col., fig. s. bois, s. le titre, demi-rel.

<small>On y a joint : **Hangest** (H. de). Problemata Exponibilium magistri Hieronimi de Hangest. *Venundantur Parisius in vico Sancti Jacobi sub intersignio lilii Aurei.* (In fine) : *Impressa Parisiis opera Nicolai de Pratis, anno* 1515 *cxpensis Johanis Petit* in-4, goth. à 2 col., marque de J. Petit s. le titre, rel.</small>

1000. **Montaigne** (Les Essais de Michel de). Nouvelle édition. PARIS, 1659, 3 vol. in-12, titres gr., v. et vél.

<small>Cinq exemplaires en reliures dépareillées.</small>

1001. **Montaigne** (Les Essais de Michel, seigneur de). Nouvelle édition exactement purgée des défauts des précédentes, selon le vray original, etc. A AMSTERDAM (*A. Michiels*), 1659, 3 vol. in-12, front. gr. avec portr. vél. et veau, le premier rel. en vélin, les deux autres en veau. (2 *ff. sont détachées de la reliure*).

1002. **La Rochefoucauld.** Réflexions ou sentences et maximes morales. A PARIS, *chez Claude Barbin*, 1665, in-12, mar. violet. (*Rel. défaite*).

<small>Edition originale contenant à la page 74 le texte primitif et le carton ; marges inégales.</small>

1003. **La Rochefoucauld.** Réflexions ou sentences et maximes morales. A PARIS, *chez Cl. Barbin*, 1665, in-12, front. gr., dérel.

<small>Exemplaire de second tirage auquel on a joint le texte original des pages 69 et 74. — Marges inégales.</small>

1004. **La Rochefoucauld.** Réflexions ou sentences et maximes morales. 4e édition, rev., corr. et augm. PARIS, *Cl. Barbin*, 1675, in-12, frontisp. gr., v. gr.

<small>Quatrième édition originale, cont. des changements et des additions. Les maximes qu'elle renferme sont cette fois au nombre de 413. Soixante-douze maximes paraissent pour la première fois. C'est dans cette édition que se trouve pour la première fois cette épigraphe : « Nos vertus ne sont le plus souvent que des vices déguisés ».</small>

1005. **La Rochefoucauld.** Réflexions ou sentences morales. Sixième édition augmentée. *Paris, Cl. Barbin,* 1693, in-12, v. ant., fil.

<small>Sixième édition, dans laquelle on a rétabli le discours préliminaire de La Chapelle-Bessay, retran-</small>

ché de toutes les éditions faites après 1665. On y trouve également un supplément de 50 maximes, dont la moitié sont publiées pour la première fois et l'autre partie présente des différences av. le texte précédent. Hauteur : 163 millim. (Cat. Rochebilière, n° 473).

1006. **Pascal.** Les Provinciales ou les lettres escrites par Louis de Montalte, à un Provincial de ses amis, et aux RR. PP. Jésuites : sur le sujet de la morale et de la politique de ces Pères. A COLOGNE, *chès Pierre de la Vallée*, 1657, in-4, non rel.

    Edition originale.
    Recueil des 18 lettres, avec titre ; la XVIIe lettre est des deux éditions en 8 pages et en 12 pages. (*Ajoutée*).

1007. **Pascal.** Les Provinciales ou lettres escrites par Louis de Montalte, à un provincial de ses amis, et aux R.R. P.P. Jésuites, sur le sujet de la morale et de la politique de ces Pères. A COLOGNE, *chès Pierre de la Vallée*, 1657, pet. in-12, préparé pour la rel.

    Première édition elzévirienne avec les mots : *Moines mendiants* au lieu de *Religieux mendiants* Hauteur 133 mm.

1008. **Pascal** (Pensées de M.) sur la religion et sur quelques autres sujets qui ont esté trouvés après sa mort dans ses papiers. PARIS, *chès Guill. Desprez*, 1670, in-12, mar. r., comp. de fil. sur les plats, dos orné, tr. dor. (*Rel. anc.*).

    Edition originale en 365 pp. avec la vignette et l'errata. — Exemplaire réglé. — Nom effacé sur le titre.

1009. **Pascal.** Pensées de M. Pascal sur la religion et sur quelques autres sujets qui ont esté trouvées après sa mort parmy ses papiers. PARIS, *chez Guil. Desprez*, 1670, in-12, derel.

    Troisième édition, avec le Discours sur les Pensées et le Discours sur les livres de Moyse 1672 avec un titre de la seconde édition.

1010. **Fénelon.** Education des filles, par Monsieur l'abbé de Fénelon. PARIS, *chez Aubouin*, MDCLXXXVII (1687), in-12, v. m.

    On y a joint : Deux exemplaires déreliés. Quelques ff. sont plus courts.

1011. **Guillié.** Notice sur l'instruction des jeunes aveugles. PARIS, *imprimé par les jeunes aveugles*, 1819, in-4, impr. en relief, cart.

    On y a joint : Discours prononcés dans la séance publ. de l'Institut de France pour la réception de S. E. le card. Maury. PARIS, *de l'Imprimerie de l'Institution des Sourds-Muets de naissance, rue et faubourg St-Jacques*, n° 256, MDCCCVII, in-4 de 1 f. p. le titre et 98 p. ch.

1012. **La Bruyère.** Les Caractères de Théophraste, trad. du grec, avec les Caractères ou les mœurs de ce siècle. PARIS, *Est. Michallet*, 1688, in-12, rel. bas. (*Rel. anc.*).

    Seconde édition originale sous la même date que la première, elle contient quelques augmentations. Exemplaire de premier tirage, avec l'adresse au bas du titre : *à l'image S. Paul* au lieu de *à l'image Saint-Paul*.

1013. **La Bruyère.** Les Caractères de Théophraste, traduits grec, avec les Caractères ou les mœurs de ce Siècle. Neuvième édition, revûë et corrigée. PARIS, *Est. Michallet*, M. DC. CXVI (sic) : pour MDC.XCVI, 1696), in-12, v. br.

    Neuvième et dernière édition originale, de 1119 caractères : texte définitif de Labruyère, paru peu de jours après sa mort, d'après Bayle. — P^e 234, on a fait un carton pour changer à la 15e ligne le mot " *ignominie* " en celui " *d'ignorance* ". — Haut. 163 mill. — Edition payée 50 fr. à la vente La Rochebilière. Reliure ancienne. Exemplaire un peu fatigué. Mouillures.

II. Sciences. — Médecine. — Chirurgie, etc.

1014. **Galilée.** Systema cosmicum, authore Galilaeo Galilaei Lynceo, acad. Pisanae. Quatuor dialogis, de Duobus maximis Mundi systematibus. Ptolemaico et Copernicano disseritur. Ex. Ital. lingua lat. conv. *Augustæ Treboc. Impens. Elzeviriorum (Leyden) typis D. Hautti*, 1635, in-4, portr., front. grav.

MÉDECINE, ETC.

1015. Libri de rerustica, M. Catonis lib. I. M. Terentii Varronis lib. III, per Petrum Victorium restituti. PARISIIS, *Ex. offic. Rob. Stephani* 1543, (*marque sur le titre*), 3 part. en 1 vol. in-8, mar. vert, comp. de fil., et les lettres L. B. sur les plats, dos orné, tr. peigne. (*Rel. anc., armoiries sur les plats*).

1016. Compost des Bergers (Le Grand Calendrier et), comp. par le berger de la Grande Montagne avec le compost naturel par le pape Grégoire XIII, ens. la manière comme se doit gouverner le berger pour empescher qu'aucuns sorciers ne fassent mourir leurs troupeaux. TROYES, *Vve Briden*, (vers 1700), pet. in-4, figures, vélin.

<small>Orné d'un grand nombre de figures sur bois très curieuses plus anciennes que le livre. — Piqûres de vers. Court de marges.</small>

1017. Boussueti (F.). Surregiani doct. medici de natura aquatilium carmen. — In universam, Gul. Rondeletii, de piscibus marinis historiam, etc. LUGDUNI, *ap. Math. Bonhomme*, 1558, 2 tom. en 1 vol. in-4, portr. et fig. sur bois, vélin à rec.

1018. Stradanus. Vermis sericus. *Joannes Stradanus inventor, L. Renard excud.* ANTVERP. 1580, in-fol., 6 pl. y c. le titre, vélin.

<small>Remarquable suite sur l'élevage et la culture des vers à soie au XVIe siècle.</small>

1019. Cathalanès. L'Arithmétique et manière d'apprendre à chifrer et conter, par la plume et par getz en nombre entier et rompu. A LYON, *par Thibault*, 1566, pet. in-12, dérel.

<small>Très rare. Coupure en haut du titre et déchirures à qq. ff.</small>

1020. Manesson Mallet. Les travaux de Mars, ou l'art de la guerre, avec un ample détail de la milice des Turcs, avec 400 planches gravées en taille-douce. PARIS, 1684-85. 3 vol. gr. in-8, fig., v. br. (*Rel. anc.*).

1021. Grévin (Jacq.), de Clermont en Beauvoisis. Deux livres des venins auxquels il est amplement discouru des bestes venimeuses, thériaques, poisons et contre-poisons, ens. les œuvres de Nicandre, en vers françois. ANVERS, *Plantin*, 1568, 2 tomes en 1 vol. in-4, veau fauve. (*Rel. anc.*).

<small>Orné de nombreuses et jolies figures sur bois. Quelques mouillures.</small>

1022. Joubert. Traité du Ris, conten. son essence, ses causes et mervelheus effais, curieusement recerchés, raisonnés et observés par Laur. Joubert, Item la cause morale du Ris de Démocrite appliquée et temognée par Hippocras, plus un dialogue sur la Cacographie fransaise, avec des annotaciōns sur l'orthographe de M. Joubert. PARIS, *N. Chesneau*, 1579, pet. in-8, portr., demi-rel., dos et coins mar. viol.

1023. Veyras (J.). Traicté de Chirurgie, cont. la vraye méthode pour guérir playes d'arquebusade, selon Hippocras, Gallen et Paracelse, avec réfutation des erreurs qui s'y commettent. A LYON, *pour B. Vincent*, 1581. (*Marque s. le titre*). — Réplique a la response de Maistre J. Vairas, faicte par Tannequin Guillaumet. A LYON, *pour Jehan Poyet*, 1590. Ens. 2 ouvr. en 1 vol. in-8, marque vélin. (*Rel. anc.*).

1024. Bourgeois (dite Boursier). Observations diverses sur la stérilité, perte de fruict, fœcondité, accouchements et maladies des femmes et enfants nouveaux naiz. PARIS, *cher Melch. Mondière*, 1642, 3 part. en 1 vol. in-8, 2 portr. et figures, dérel.

<small>On y a joint : Recueil des secrets de Louyse Bourgeois dite Boursier. PARIS, 1635, in-8, portr., 226 pp. dérel. Quelques déchirures ou cassures. Marges inégales.</small>

1025. Lobera de Avila (Luys). Vergel de Sanidad que por otro nombre se llamava Banquete de Cavalleros y orden de bivir, etc. — *Fue impressa en la ins. universidade* *de Alcala de Henares en la Casa de Joan de Brocar*, MDXLII, 2 part. — Libros de pestilencia. (*Ib. id.*). 3 ouvr. en 1 vol. in-fol., goth. à 2 col., titres impr. en r. et noir et entour. de bordures s. bois, vél.

<small>Très rare. La marge inférieure des premiers ff. est coupée. Piqûres de vers. — *On y a ajouté* : Januar. Ars metaphisicalis naturalis or ‖ dinis cuiuslibris rei intelligibilis arboris nature reverendi doctoris p(re) clarissimi magistri Jaco ‖ bi Januarii monachi Terraconensis dioce ‖ sis, etc. S. l. v. u. (VALENCIA, *Leonardus Hutz*, 1506, expensis Barth. Gentil,) pet. in-4, goth., vél. (*Incomplet. Seuls les ff. 1 à CCLXXXI avec lacunes. Taché. Etat médiocre*).</small>

1026. **Baldit** (Mich.), médecin de Mende. L'Hydrothermopotie des Nymphes de Bagnols en Gevaudon ou les Merveilles des eaux et des bains de Bagnols. LYON, *J. Huguetan* 1651, pet. in-8, demi-rel. mar. vert. (*Rare*).

1027. **Liébaut** (J.). Trois livres de l'embellissement et ornement du corps humain. LYON, *Rigaud*, 1595, in-16, de près de 600 p., portrait en médaillon de femme sur le titre, vél. à recouvrem.

<small>Bel exemplaire dans sa première reliure.</small>

1028. **Portae** (Joa.-Bapt.).Napolitani de humana Physiognomia libri VI in quib. docetur quomodo animi propensiones naturalibus remediros compressi possint.NEAPOLI, 1602, in-fol., portr. de l'auteur sur le titre et nombreuses figures fort curieuses gravées en taille-douce dans le texte et représentant les diverses physionomies de l'homme et de la femme avec leurs ressemblances avec celles des divers animaux, vél.

<small>Edition la meilleure et la plus complète de cet ouvrage singulier et fort recherché. Exemplaire très grand de marges, dans sa première reliure.</small>

III. BEAUX-ARTS. — LIVRES A FIGURES

1029. **Vaenius** (E.). Tractatus physiologicus de Pulchritudine. Juxta ea quae de sponsa canticis canticorum mystici pronunciantur. BRUXELLES, *Foppens*, 1762, in-12, 4 ff. n. ch., 60 pp., fig. dans le texte, br.

1030. **(Christ).** Dictionnaire des Monogrammes, chiffres, lettres initiales, logogryphes, rébus, etc., sous lesquels les plus célèbres peintres, graveurs et dessinateurs ont dessiné leurs noms, trad. par M... PARIS, 1762, in-8, pl. de monogr., v. marbr.

1031. **Brulliot.** Dictionnaire des monogrammes, marques, figures, lettres initiales, noms abrégés, etc., avec lesquels les peintres, dessinateurs, graveurs et sculpteurs ont désigné leurs noms. MUNICH, 1832-34, 3 portr. en 2 vol. in-4, fig., demi-rel.

1032. **Geoffroy Tory** (Maistre), de Bourges. L'Art et science de la vraye proportion des lettres Attiques, ou Antiques, autrement dictes Romaines, selon le corps et visage humains, avec l'instruction et manière de faire chiffres et lettres pour bagues d'or... *On les vend à Paris à l'enseigne Sainct-Martin par Viuant Gaultherot*, 1549, in-8, fig., demi-rel. av. coins mar., tête dor.

<small>Très fortement atteint par l'humidité dans les marges. — On y a ajouté des fragments de trois exemplaires.</small>

1033. **Geoffroy Tory** (de Bourges). L'Art et science de la vraye proportion des lettres attiques, ou antiques, autrement dictes romaines, selon le corps et visage humain, avec l'instruction et manière de faire chiffres et lettres pour bagues d'or... *On les vend à* PARIS, *à l'enseigne de Sainct-Martin, par Vivant Gaultherot*, 1549, in-8, fig. veau.

<small>On a relié à la fin : Champfleury. Différents alphabets ou sortes d'écritures et 153 lettres ornées de différentes époques et différents styles. — *Raccommodages à plusieurs ff.*</small>

1034. **Geoffroy Tory.** La Table de l'ancie(n) philosophe Cebes, natif de Thèbes et auditeur d'Aristote, en laquelle est descripte et paincte la voye de l'hom(m)e humain tendant a vertus et parfaicte science... translate de latin en vulgaire fra(n)çois par maître Geofroy Tory, translateur, et par Jehan Petit, libraire. PARIS, (1520), in-16, dérel.

<small>Texte entouré de bordures et la marque du Pot cassé sur le titre et à la fin par Geoffroy Tory. — Exemplaire avec les deux titres, ceux de Tory et de Jehan Petit. Marges inégales, 132 millim.</small>

1035. **Le Gangneur.** La Technographie, la Rizographie, la Calligraphie ou méthode pour parvenir à la parfaicte connaissance de l'Ecriture française. PARIS, 1599, 3 part. en 1 vol. in-4 oblong, 83 pl. gr. seules, vélin bl.

<small>Livre de calligraphie rare et recherché. *Les titres des trois parties manquent.*</small>

1036. **Alciat.** Livret des Emblèmes | de maistre André Alciat | mis en rime françoyse | et présenté à monseigneur l'admiral de France. *On les vent à Paris | en la maison de Chrestien Wechel*, 1536, in-8, goth., figures sur bois, dér.

<small>Exemplaire lavé et préparé pour la reliure. Hauteur : 165 mm. Raccommodages à quelques ff.</small>

1037. **La Perrière** (G. de), Tolosain. Le Théâtre des bons Engins, auquel sont contenuz cent emblèmes moraulx. (A la fin). *Impr. à* PARIS, *par Denys Janot, s. d.* (1539), in-8, fig. sur bois et bordures, dérel.

<small>Hauteur : 157 mm. Marges inégales.</small>

1038. **Insignium** Aliquot virorum icones. LUGDUNI, *Ap. J. Tornaesium*, 1559, in-8, 8 ff. n. chif., 236 pp. chif., portraits en médaillon, dans le texte, attribués au Petit Bernard, prép. pour la rel.

1039. **Bocchii** (A.). Bonon, symbolicarum quaestionum, de universo genere, quas serioludebat, lib. V. BONONIÆ, 1574, pet. in-4, fig., veau fauve. (*Rel. anc.*).

<small>Ouvrage orné de 152 figures à l'eau-forte attribuées à Giulio Bonasone dont celle représentant une guillotine. Bien conservé sauf qq. petites piqûres de vers.</small>

1040. **Westerhovius.** Hieroglyphica of Merkbeelden der oude Volkeren (Hieroglyphes des tableaux des anciens peuples). AMSTERDAM, 1735, in-4, fr. gr., nombr. pl., v. gr.

<small>Orné de 63 grandes et belles eaux-fortes de Romeyn de Hooghe.</small>

1041. **Livres à figures sur bois des XVIe et XVIIe siècles.** 8 vol. in-4, in-8 et in-12, reliés.

<small>Omnia Andr. **Alciati** Emblemata. PARIS, *de Marnef*, 1583, in-8, titre avec encadr. et nombr. fig. sur bois. — **Doni** (Marmi del). VENETIA, 1609, 4 part. en 1 vol. in-4, fig. — **Nat. Comitis**. Mythologiae sive explicationis fabularum libri X. PATAVII, 1637, in-4, fig. — L'Achille et l'Enea di m. **Lod. Dolce** dove egli tessendo l'historia della Iliade d'Homero a quella dell Eneide di Virgilio. VINEGIA, 1571, fig. — **H. Junii**. Medici emblemata, etc. ANTVERPIAE, 1566, in-8, fig. (2 ex.). — **Apotheoseos** tam exter. gentium quam Romanorum deorum libri tres auct. *Pict. Villingano*. BASILAE, 1558, pet. in-8, fig. — Centum Fabulae ex antiquis scriptoribus delectae et à *Gabr. Faerno*, etc. BRUXELLIS, 1682, in-12.</small>

1042. **Livres à figures du XVIIe siècle.** 4 vol. in-fol. et in-4, rel.

<small>Miroir de la bonne mort qui montre par images de la passion de N. Sauveur J.-C., etc., par le P. David de la Vigne. S. d., in-4, 39 planches, par Romain de Hooghe (la dernière remontée), rel. veau. — Solitudo vitae patrum Eremicolarum per ant. patrem D. Hieronymum, etc. 1606, in-4, 30 pl., par Thomas de Leu ; demi-rel. — Le Microcosme, cont. divers tableaux de la vie humaine repr. en figurés. S. d., in-4, demi-rel. — *Les Figures des Saints* avec un abrégé de leurs vies et d'une pratique facile pour les invoquer tous les jours. PARIS, *Gautrel*, 1689, in-8, front. et fig. ; 365 figures à l'eau-forte dans le genre de Séb. Leclerc, par Dolivar ; v. br. (Livre en forme de calendrier.)</small>

1043. **Choderlos de Laclos.** Les Liaisons dangereuses, lettres recueillies dans une société et publiées pour l'instruction de quelques autres. LONDRES (PARIS), 1796, 2 vol. in-8, fig. de Monnet, v. br.

<small>Exemplaire contenant 2 frontispices et 10 figures (sur 13). — On y a joint : un tome second en *papier vélin*, avec 1 portrait et 4 figures (des pages 28-200-350-357), relié.</small>

SCIENCES ET ARTS

1044. La Borde. Choix de chansons, mises en musique, par M. de la Borde..... ornées d'estampes, par J.-M. Moreau. PARIS, *chez de Lourmel*, 1773, gr. in-8, vél. v. (*Rel. anc.*).

<small>Premier volume cont. : le frontispice, titre, dédicace, les pages 7 à fin (moins 131, 132), 24 figures coloriées, quelques-unes tachées. — **Montesquieu.** Le Temple de Gnide. Nouvelle édition. PARIS, *chez Le Mire*, 1772, gr. in-8, dér. *Titre et texte gravé seuls*.</small>

1045. Livres illustrés du XVIIIe siècle. Réunion de 9 vol. in-4, in-8 et in-12, veau. (*Rel. anc.*).

<small>**De La Motte.** Fables nouvelles 1719, fig. de Coypel et de Gillot. — **Marmontel.** Chefs-d'œuvre dramatiques. 1773, vign. d'Eisen. — **Colardeau.** Œuvres. 1779, 2 vol., fig. de Monnet. — Iconologie par figures par **Gravelot** et **Cochin**. S. d. (tomes 1, 2, 4). — **Musarion.** Poème de Wieland. 1780, front. de St-Quentin. — Encomium Moriæ Stultitiæ Erasmi. 1765, front. de Gravelot.</small>

1046. La Chau (De). Description des principales pierres gravées du cabinet de S. A. Mgr le Duc d'Orléans. PARIS, *chez l'abbé de La Chau et l'abbé Le Blond*, 1780-84, 2 vol. in-fol., fig. et vign., cart., non rog.

<small>Un frontispice par Cochin ; 1 fleuron sur le titre, 2 vignettes par St-Aubin, 54 culs-de-lampe et 179 planches gravées par St-Aubin.</small>

1047. Anacréon. Recueil de compositions dessinées par Girodet, et gravées par Chatillon, son élève, avec la trad. en prose des Odes de ce poète. PARIS, 1825, in-4, fig., demi-rel., dos et coins de chagr., non rog.

<small>Orné de 54 figures tirées sur *papier de Chine* monté.</small>

1048. Museum de Florence (Le) ou collection de pierres gravées, statuts et médailles du cabinet du grand-duc de Toscane, dessiné et gravé par David, avec des explications franc. par Mulot et Syl. Maréchal. PARIS, 1787-1802, 8 tom. en 7 vol., in-4, figures, cart. non rog.

<small>Ouvrage contenant plus de 600 planches.</small>

1049. Essling (Prince d'), et Eug. **Müntz.** Pétrarque, ses études d'art, son influence sur les artistes, ses portraits et ceux de Laure. L'Illustration de ses écrits. PARIS, 1902, in-4, VIII-290 p., chif. 1 ff. table n. chiff., br., couv.

<small>Ouvrage accompagné de 21 planches tirées à part et 191 gravures dans le texte. L'un des 250 exemplaires sur *papier vélin*.</small>

1050. Beaux-Arts. Architecture. 3 vol. in-fol., rel. — **Du Cerceau** (J. A.). Leçons de perspective positive. PARIS, *par Mam. Patisson*, 1576, in-4, 60 pl., vél.

<small>Le Gouvernail de A. Bachot parisien. S. d., pl. s. cuivre ; taches ; incomplet. — **Albert.** L'Architecture et art de bien bastir. PARIS, *Kerver*, 1553, fig. s. bois (*mouillures*). — **Salomon de Caus.** Les Raisons des forces mouvantes, avec diverses machines. FRANCFORT, 1615, 2 vol. en 1 vol. ; fig. (*incomplet*).</small>

1051. Tuccaro (Ar.). Trois dialogues de l'exercice de sauter et voltiger en l'air, avec les figures servant à la parfaite demonstration et intelligence de cet art. A PARIS, *chez Cl. de Monstr'œil*, 1699, in-4, fig. v. br.

<small>Exemplaire avec la grande planche en fac-simile ; les pages 179 à 197 sont plus courtes et détachées de la reliure. On y a joint deux exemplaires incomplets.</small>

1052. Arcussia (Ch. d'). La Fauconnerie div. en dix parties, avec les portraits au naturel de tous les oyseaux. ROUEN, 1644. — La Fauconnerie du Roy avec la Conférence des fauconniers. ROUEN, 1643. — Discours de chasse où sont représentez les vols faits en une assemblée de fauconniers plus il est parlé des oyseaux qui passent et repassent la mer. ROUEN, 1644. — Lettres de Philoierax à Philofolco où sont cont. les maladies des oyseaux et les remèdes pour les guérir. ROUEN, 1644, 4 part. en 1 vol. in-4, figures, 1 pl. v. br. (*Rel. anc.*).

<small>Edition la plus complète. Avec la grande planche des instruments qui manque souvent.</small>

CHASSE, LINGUISTIQUE

1053. **Salnove.** La Vénerie Royale, divisée en IV parties qui contiennent les chasses du cerf, du lièvre, du chevreuil, du sanglier, du loup et du renard, avec le dénombrement des forests et grands buissons de France où se doivent placer les logements, questes et relais pour y chasser. PARIS, 1665, in-4, frontisp. gr., demi-rel. chag. vert.

Ouvrage recherché. — Edition mieux imprimée que celle de 1655. — Exemplaire très grand de marges et rempli de témoins. Titre et frontispice un peu frotté et raccommodé.

1054. **Fortin.** Les Ruses innocentes dans lesquelles se voit comment on prend les oiseaux passagers et les non passagers, et de plusieurs sortes de bêtes à quatre pieds, avec les plus beaux secrets de la pêche dans les rivières et les étangs, et la manière de faire tous les rets et filets, par le (Fr. Fortin), *suiv. la copie.* AMST., 1695, in-8, front. gr. et figures, vélin. (*Rel. anc.*).

1055. **Leverrier de la Conterie.** Venerie normande ou l'Ecole de la chasse aux chiens courants, pour le lièvre, le chevreuil, le cerf, le daim, le sanglier, le loup, le renard, et la loutre, avec les tons de chasses accomp. chacun d'une explication sur l'occasion et les circonstances où ils doivent être sonnés... ROUEN, 1778, in-8, avec fig. se dépliant, veau marb. (*Rel. anc.*).

BELLES-LETTRES
I. Linguistique

1056. **Du Cange et Dufresne.** Glossarium ad scriptores mediae et infimae latinitatis, editio nova locupl. et auctior., opera et studio monachorum ord. s. Benedicti e congr. S. Mauri. PARISIIS, 1733-66, 10 vol. in-fol., veau marb. (Rel. anc.).

Bel exemplaire, avec le supplément par Carpentier.

1057. **Somaize** (Le S. de). Le Grand Dictionnaire des prétieuses, historique, poétique, géographique, cosmographique, cronologique et armoirique, où l'on verra leur antiquité, coustumes, etc., etc. A PARIS, *chez Jean Ribou*, 1661, 2 vol. in-12, dérel.

Deux exemplaires avec la clef des noms, qui manque souvent, mais sans le frontispice.

1058. **Le Pelletier** (Dom). Dictionnaire de la langue bretonne, où l'on voit son antiquité, son affinité avec les anc. langues, etc. PARIS, 1752, in-fol., veau. (*Armes de Bretagne sur les plats*).

1059. **Bossuet.** Oraison funèbre de Michel Le Tellier. PARIS, *M. Cramoisy*, 1686. — Oraison funèbre de Louis de Bourbon, Prince de Condé. PARIS, 1687, ens. 2 vol. in-4, et 1 vol. in-12, dérel. (*Editions originales*).

On y a joint : **Bossuet.** Oraison funèbre de Louis de Bourbon. 1687 (*manque le titre*). — Oraison funèbre de Michel Le Tellier. 1686 (*manque le dernier ff.*). — Autre exemplaire, incomplet des pages 56 et 60. — **Bossuet.** Sermon à l'ouverture du Clergé (*défets*). — Delarue. Oraison funèbre de Bossuet. PARIS, 1704, in-4, dérel. (*vign. coupée*). — Oraison funèbre de Henry de la Tour d'Auvergne, par Mascaron. 1676. — Or. f. du même, par Cl. Ménestrier. 1676. — Oraison funèbre de Henriette-Marie de France, reyne de la Grande-Bretagne, par Bossuet. 1676. — Or. fun. de la Duchesse d'Aiguillon, par Fléchier. 1676. — Or. fun. de la Duchesse de Montausier, par Fléchier. 1676. — Or. fun. de Marie-Anne d'Angleterre, duchesse d'Orléans, par Bossuet. 1676. — Discours prononcez à l'Académie, par Huet. 1671, rel. en 1 vol. in-12.

1060. **Oraisons funèbres.** Réunion de 14 pièces in-4, dérel. Editions originales.

Oraison fun. de Marie A. Christine de Bavière, par de La Broue. 1690. — De J.-L. de Bertier, par Gillebert de Choiseul. 1662. — De Marie Ant. Chivot, par Crouzet. 1787. — Du Prince de Conty, par Gilbert de Choiseul. 1666. — Du Prince Fr. Louis de Bourbon, prince de Conty, par Massillon. 1709. — De Louis Dauphin, par Delarue. 1711. — Du Dauphin, par Fidèle de Pau. 1766. — De Marie Thérèse d'Autriche, par de*** 1683. — De la même, par Gallois. 1683. — De la même, par l'abbé de Nelis. 1781, (taches). — De Rochebonne, par O. A. S. d. — Du Duc de Montausier, par Jullard du Jarry. 1690. — Du même, par Fléchier. 1790. — De Stanislas Roy de Pologne, par Elisée. 1766.

BELLES-LETTRES

II. Poètes latins et français

1061. **Virgilii Maronis** (P.). Opera. LUGD. BATAVORUM, *ex offic. Elzeviriana*, 1636, pet. in-12, dérel.

1062. **Virgile** (Les quatre premiers livres de l'Enéide de), transl. de latin (en vers françois), par Louis des Masures, Tournisien. PARIS, *Ch. l'Angelier*, 1554, pet. in-8, dem.-rel. mar. vert.

1062 *bis*. **Horatius Flaccus** (Q.). Dan. Heinsius ex emendatiss. editionibus expressit. LUGD. BATAV., *ex offic. Elzeviriorum*, CIƆIƆC. 53 (1653), 1 v. non rel. (*Petit trou à un f. 125 mill.*). — Le même ouvrage, commentarii illustr. à Joan. Bond. AMST., *ap. Dan. Elzevirum*, 1676, pet. in-12, titre gr., non rel. (129 mill.).

1063. **Gordanius** (Joan.). Britanno-Scotus. Echo. dialogus de institutione principis ad Henricum Frid. Stuardum Britannarium principem. PARISIIS, 1603, pet. in-4, demi-rel. v. bl.

Pièce de poésie rare composée par un Ecossais.

1064. **Ovide** ('Trois premiers livres de la Métamorphose d'), trad. en vers françois, le premier et second par Cl. Marot, le tiers par B. Aneau, mythologizez par Allegories, historiales, naturelles et morales, rec. des bons autheurs grecs et latins, illustrez de figures et images convenantes. A LYON, *par Macé Bonhomme*, 1556, in-8, figures sur bois.

1065. **La Métamorphose d'Ovide** figurée. A LYON, *par Jean de Tournes*, 1557, in-8, fig. sur bois, ent. de bordures, dér. et placé dans une rel. du XVIe s., en v. br., orn. style Grolier. (*Rel. anc. fatiguée*).

Premier tirage des figures du Petit Bernard. Marges inégales.

1066. **Chartier** (Les Œuvres de Maistre Alain), clerc, notaire et secrétaire des Roys Charles VI et VII, cont. l'histoire de son temps, l'Espérance, le Curial, le Quadrilogue, et autres pièces, toutes nouv. reveues et beaucoup augm. par A. Du Chesne, Tourangeau. PARIS, 1617, in-4, veau (*Rel. anc.*).

Edition la plus complète.

1067. **Marot.** Œuvres de Clément Marot, de Cahors, valet de chambre du Roy, plus amples et en meilleur ordre que paravant. A LYON, *à l'Enseigne du Rocher*, 1544, 2 part. en 1 vol. in-8, dérel. (150 *mill.*).

1068. **Tombeau de Marguerite de Valois**, Royne de Navarre (Le) faict premièrement en distiques latins par les trois sœurs Princesses en Angleterre, depuis trad. en Grec, Italic et François par plusieurs des excellentz poètes de la France. A PARIS, *de l'impr. de M. Fezandat*, 1551, in-8, v. f.

Exemplaire réglé, incomplet du f. CVI et du cahier J. — Plusieurs ff. plus courts.

1069. **Baif.** Les jeux de Jan Ant. de Baif. A PARIS, *pour Lucas Breyer*, 1573, in-8, dérel.

Incomplet d'une partie du ff. 80. Le f. 95 est remonté. — Mouillures, piqûres de vers.

1070. **Belleau** (Rémy). Œuvres poétiques. A PARIS, *par Mamert Patisson, au logis de Robert Estienne*, 1578, 2 vol. pet. in-8, dérel.

Hauteur : 140 mill. — Déchirures au titre, mouillures, marges inégales.

1071. **Du Bellay.** Les œuvres françoises de Joachim Du Bellay, gentilhomme Angevin, reveus et de nouv. augm. de plus. poésies non encore auparavant imprimées. A ROUEN, *pour Georges l'Oyselet*, 1592, in-12, vél. (*Rel. défaite*).

Préparé pour la reliure. — Quelques petites piqûres.

POÈTES FRANÇAIS

1072. **Desportes.** Les œuvres de Ph. Des Portes augm. A Lyon, 1599, pet. in-12, préparé pour la rel. (138 *millim.*).

1073. **Desportes.** Les premières œuvres de Philippe Desportes. Dern. édition reveue et augmentée. Paris, *Mamert Patisson*, 1600, pet. in-8, v. m.
    Belle édition recherchée et très complète.

1074. **Pasquier** (Est.). Le Monophile, avec quelques autres œuvres d'amour augm. de plus. sonnets, élégies et chansons. Paris, *L'Angelier*, 1578, in-16, vélin.

1075. **Nourry** (De). Les quatre premiers livres de l'Univers, ausquels est traité du nombre, ordre et mouvement des cieux, la description tant poétique qu'astronomique des 48 images célestes. A Paris, *chez Gilles Beys*, 1583, pet. in-4, demi-rel. mar. bl.
    Recueil poétique très rare. Gilles Beys était le gendre de l'imprimeur Plantin.

1076. **Nostradamus** (Michel). Les vrayes centuries et prophéties. Amst., *J. Jansson à Waesberghe*, 1668, pet. in-12, front. gravé, demi-rel.

1077. **Muses françoises** ralliées de diverses pars (Les) dédiées à Monsieur le Comte de Soissons. A Paris, *chez Mathieu Guillemot*, 1599-1607, 2 vol. in-12, front., v. br. (*Rel. anc.*).
    Le titre de Léonard Gaultier au tome second porte la date de 1607. — On y a joint : 2 exemp. du tome premier incomplets avec la date de 1607.

1078. **Despinelle.** Les Muses françoises ralliées de diverses parts. A Lyon, *par B. Ancelin*, 1609, pet. in-12, dérel.
    Rare. Légères mouillures, etc.

1079. **Bertaut** (Recueil des œuvres poétiques de J.), abbé d'Aunay et premier aumosnier de la Royne. Paris, *Mamert Patisson*, 1601, pet. in-8, demi-rel., dos et coins de vél. bl., tr. dor.
    Edition originale des poésies de Bertaut qui fut ensuite évêque de Séez. — Bel exemplaire ayant appartenu à Millin de Grandmaison, avec une note intéressante d'Octave Delepierre.

1080. **Bertaut.** Les œuvres poétiques de M. Bertaut, évesque de Sees, abbé d'Aunay, premier aumosnier de la Royne. Dern. édition augm. de plus de moitié. A Paris, *chez Toussainct Du Bray*, 1620, 2 part. en 1 vol. in-8, veau rose, fil., tr. marb. rel. mod. (*Raccommodages à quelques ff.*).

1081. **Bertaut** (Les œuvres poétiques de M.), évesque de Séez, abbé d'Aunay, dernière édition augm. de plus de moitié. Paris, 1633, in-8, v. br. (*Rel. anc.*).
    Edition la plus complète.

1082. **Passerat** (Recueil des œuvres poétiques de Ian), augmenté de plus de la moitié outre les précéd. impressions. Paris, *Ab. L'Angelier*, 1605, pet. in-8, portr. de Passerat, gr. par Th. Leleu, v. br.
    Edition recherchée et la plus complète des poésies de Passerat. Exemplaire grand de marges et dans une conservation intérieure parfaite, sans tachcs ni défauts.

1083. **Nouveau recueil des plus beaux vers de ce temps.** Paris, *T. du Bray*, 1609, in-8, vél.
    Recueil de pièces de Malherbe, Du Perron, Bertaut, Motin ; De Lingendes, de Rosset, etc... — Exemplaire grand de marges dans sa première reliure avec la signature de *François Ogier*, datée de 1619, sur le titre.

1084. **La Roque.** Les œuvres du sieur de La Roque de Clairmont en Beauvoisis, augm. de plusieurs poésies. A Paris, *chez la Veuve Cl. de Monstrœil*, 1609, in-12, demi-rel.

1085. **Aubigné** (Agrippa d'). Les Tragiques donnez au public, par le larcin de Prométhée. Au Dézert, *par L. B. D. D.*, 1616, in-4, v. br.

    Edition originale. L'impression en est attribuée à Aubert, de Genève. Incomplet des pages 157 à 164. Titre doublé, raccommodages et piqûres de vers.

1086. **Régnier** (Les Satyres et autres œuvres folastres du Sr). Dernière édition reveüe, corrigée et augmentée de plusieurs pièces de pareille étoffe tant des sieurs Sigogne, Motin, Touvant et Bertelot qu'autres des plus beaux esprits de ce temps. Rouen, *Veuve Dubosc*, 1621, in-8, vél.

    Edition rare et très complète. Elle contient les pièces libres qui ont formé le *Cabinet satyrique* telles que le *Ballet des Maquereaux*, etc. — Le coin du bas du titre a été raccommodé et il y manque les derniers mots de l'adresse du libraire et les trois derniers chiffres de la date.

1087. **Courval** (Les Satyres du sieur de) contre les abus et désordres de la France. Rouen, 1627. — Les exercices de ce temps cont. plus. satyres contre les mauvaises mœurs. Rouen, 1626. — Suite des exercices de ce temps etc., contre le joug nuptial et fascheuses traverses du mariage, par S. C. V. (de Courval, Virois). Rouen, 1627, 3 part. en 1 vol. pet. in-8, v. marbr.

1088. **Adam.** Les chevilles de M. Adam, menuisier de Nevers. Paris, *T. Quinet*, 1644, in-4, portr., v. br.

1089. **Scarron.** Le Virgile travesty en vers burlesques. A Paris, *chez Toussainct Quinet* 1648, 7 part. ou livres en 1 vol. in-4, front. et figures, vélin. (*Edition originale*).

    On y a joint : Deux exemplaires de l'édition de 1653 reliés en veau et un ex. de l'édition de 1656 en ff., dérel.

1090. **D'Assoucy.** Les Rimes redoublées. A Paris, *de l'impr. de C. Nego*, s. d. (1650 ?), in-12, v. br.

1091. **Recueil** de diverses poésies choisies, des sieurs : La Ménardière, Brebeuf, Segrais, Rotrou, Bensserade, Scaron, etc. Paris, *chez de Sercy*, 1653-65, 5 vol. in-12, titres grav., rel.

    Recueil dit De Sercy. Reliure dépareillée.

1092. **Gombauld** (Les épigrammes de), divisés en trois livres. Paris, *Aug. Courbé*, 1657, in-12, demi-rel. mar. vert.

1093. **Corneille.** L'imitation ‖ de ‖ Jésus-Christ ‖ traduite et paraphrasée en vers ‖ françois ‖ par P. Corneille. ‖ *Imprimé à* Rouen, *par E. Maury*, ‖ *pour* ‖ *Robert Ballard*, seul imprimeur du Roy, ‖ 1656, in-4, front. gravé, fig., v. br.

    Première édition dans ce format. — A la fin : *Achevé d'imprimer pour la première fois, ce dernier jour de Mars 1656 à Rouen, par Laurens Maurry*. — Le titre et le privilège sont détachés de la reliure. — Le titre est en mauvais état. On y a ajouté : Un autre titre portant la même date. — Qq. taches.

1093 *bis.* **Corneille** (Pierre). Imitation de Jésus-Christ, éditions diverses, 9 ouvr. en 9 vol., in-12, dérel. et v. br.

    I. L'Imitation de Jésus-Christ, trad. en vers français par P. C., enric. de figures en taille-douce sur chaque chapitre. A Rouen, *de l'impr. de Maury*, 1653, dérel. (*Picot*, 118). — II. Autre édition, à Paris, *chez Pierre Le Petit*, 1653, front. et fig. dérel. (*Picot*, 120). — III. Autre édition. Paris, *de Sercy*, 1653, 2 vol. (sans front.), dérel. (*Picot*, 121). — IV. Troisième partie (cont. le reste du second livre). A Rouen, *chez Maurry*, 1653, dérel. (*non cité*). — V. L'Imitation de J.-C. *Impr. à* Rouen *et se vend à* Paris *chez de Sercy*, 1654, front., 3 parties en 1 vol. in-12, maroq. rouge, rel. anc. (*Picot*, 123-124). — VI. Autre édition. *Impr. à* Rouen, *par Maurry, pour Robert Ballard*, 1656, front. et fig. dérel. Première partie. (*Picot*, 125). — VII. Autre édition. Dernière partie. *Impr. à* Rouen, *par Maurry, pour Robert Ballard*, 1656, front. et fig. v. br. (*Picot*, 127).— VIII. Autre édition. Rouen, *par Maurry, pour Robert Ballard*, 1656, front. et fig. dérel. (*Picot*, 126). — IX. Autre édition. Paris, *Rocolet*, 1659, front. et fig. mar. r. (*Picot*, 132).

1094. **Eschole de Salerne** (L') en vers burlesques ; et duo poemata macaronica ; de bello Huguenotico ; et de gestis magnanimi et prudentissimi Baldi. *Suiv. la copie impr. à* PARIS (*Leyde, Bon. et Abr. Elzevier, à la Sphère*), 1651, pet. in-12, dérel.

>Véritable Elzevier de Leyde et l'un des plus rares. Le poème macaronique de *Bello huguenotico* est de Rémy Belleau ; le second, de Gestis Baldi, est de Th. Folengo. Hauteur : 125 mill.

1095. **Chapelain.** La Pucelle ou la France délivrée, poème héroïque. *Suiv. la copie impr. à* PARIS (AMST., *J. Jansson*), 1656, pet. in-12, front. gr. et figures, prép. p. la reliure.

1096. **Beauchasteau.** La Lyre du jeune Apollon ou la muse naissante du Petit de Beauchasteau. PARIS, 1657, in-4, portraits, mar. rouge, fil., tr. dor. (*Rel. anc.*).

>24 portraits gravés par Frosne, celui du Jeune de B. est déchiré. Forte mouillure. — *On y a joint* un ex. relié en veau avec *armoiries* sur les plats, incomplet du titre et des portraits.

1097. **Nouveau Cabinet des Muses** ou l'eslite des plus belles poésies de ce temps. PARIS, *Thierry-Le-Chasseur*, 1658, pet. in-12, dérel. (*court de marges, quelques taches*).

1098. **Saint-Amant.** La Rome ridicule travestie à la Nouvêle ortographe ; pure invantion de Simon Moinêt, parisiin. A AMSTREDAN, *aux dépans é de l'inprimerie de Simon Moinêt, dans la ruële de la serviête vulgairemant Servet-Stêg*, 1663, in-12, 44 pp., demi-rel. avec coins de v.

1099. **La Fontaine.** Fables choisies, mises en vers par M. de la Fontaine. A PARIS, *chez Denys Thierry et Claude Barbin*, 1669-1668, 2 vol. in-12, fig. à mi-p. par Fr. Chauveau, dérel.

>**Seconde édition originale** parue la même année et avec les mêmes gravures à mi-page que l'édition in-4. Le tome premier portant les armes du Dauphin est daté de 1669, et le second de 1668. Hauteur : 158 millim. *On y a joint* :
>
>Lafontaine, 1668-69. Tome 1. PARIS, *chez Denys Thierry*, 1669, titre avec les armes du Dauphin, 30 ff, prélimin. non chiff., 228 pag. chif., 2 ff. pour la table. — Tome 2. Au nom de *Claude Barbin*, 220 pages, 3 pages par table. Petite déchirure et quelques cassures.

1100. **La Fontaine.** Fables nouvelles et autres poésies de M. de la Fontaine. PARIS, *Cl. Barbin*, 1671, in-12 de 12 ff. prélimin. non chiffr. et 184 pag. chiffr., fig. en taille-douce de F. Chauveau à mi-page ; dérel.

>Ce recueil, dédié au duc de Guise, contient *huit fables nouvelles*, publiées depuis avec variantes des fragments du *Songe de Vaux*, la seconde édition d'*Adonis* et autres poésies. — Hauteur des marges 157 millim.

1101. **LA FONTAINE.** Fables choisies, mises en vers par M. de La Fontaine, et par luy reveues, corrigées et augmentées. A PARIS, *ches Denys Thierry et Claude Barbin*, 1678-94, 5 vol. in-12, fig., dérel. (*Hauteur 155 millim.*).

>Exemplaire avec le texte original non cartonné, au tome I, pag. 2, 3. 99 ; au tome II, pag. 48 ; au tome III, pag. 101-102-104-123-135 ; au tome IV, pag. 20-115-116. (*Tous de bon tirage*).

1101 bis. **La Fontaine.** Le même ouvrage, même édition. T. II à V et tome I incomplet mais avec le titre port. le fleuron du Dauphin et le dern. f., mais sans l'errata. (*Tous de bonne date*).

1102. **La Fontaine** (de). Fables choisies mises en vers par M. de La Fontaine. PARIS, *Denys Thierry et Claude Barbin*, 1678-1694, 4 vol. in-12, dérel. (T. II à V).

>*Seconde partie* : 1678. Figures à mi-page, par Chauveau, en tête de chaque fable (*les deux dernières n'en ont pas*). — *Troisième partie* : 1678. (On y trouve les livres I et II d'une nouvelle série, soit : 46 fables).—*Quatrième partie* : 1679. (Ce vol. contient les livres III, IV et V de la nouvelle série, soit : 45 fables). — *Cinquième partie* : titre non tomé daté de 1694. (On y trouve 30 pièces, dont 27 fables nouvelles). — Hauteur : 146 millim. *Tous les volumes sont de bonne date.*
>
>Exemplaire avec le texte original ou avant les cartons, au tome II, pag. 10 et 47 (on y a joint le carton) et au tome III, pag. 10.

1103. **La Fontaine.** Fables choisies, mises en vers par M. de La Fontaine. A PARIS, *chez Denys Thierry et Claude Barbin*, 1678, in-12, figures, dérel. (T. III).

Troisième partie contenant les livres I et II d'une nouvelle série, soit 46 fables, plus une épître dédicatoire en vers « *à Madame de Montespan* ». Onze exemplaires. — Hauteur : 155 millim.

1104. **La Fontaine.** Fables choisies, mises en vers. *Quatrième partie.* A PARIS, *chez Denys Thierry et Claude Barbin*, 1679, in-12, rel. et dérel.

Ce volume contient les livres III, IV et V de la nouvelle série, soit 45 fables, avec gravures à mi-page. — *Onze exemplaires.* avec et sans carton et errata.

1105. **La Fontaine.** Fables choisies, mises en vers par J. de La Fontaine. Nouv. édition gravée en taille-douce. Les figures par le sieur Fessard, le texte par De Montulay. PARIS, *chez l'auteur*, 1765-1775, 6 vol. in-8, fig.

Edition illustrée de 250 figures y compris les titres et le frontispice et 450 vignettes et culs-de-lampe par Bardin, Bidault, Caresme, Desrais, Monnet, etc. — Texte gravé. — Les T. 4 et 5 reliés en veau écaille, tr. dor. ; les T. 1-2-3-6 brochés à toutes marges. — Manque le texte : le " Statuaire ", tome V, pages 17 à 20.

1106. **La Fontaine.** Recueil de poésies diverses, dédié à Monseigneur le Prince de Conty, par M. de La Fontaine. A PARIS, *chez Pierre Le Petit*, MDCLXXI (1671), 3 vol. in-12, titres grav., dérel.

Première édition. Hauteur : 151 mill.

1107. **La Fontaine.** Contes et nouvelles en vers de M. de La Fontaine. A PARIS, *chez Claude Barbin*, MDCLXIX (1669), in-12 de 64 ff. prél. non ch., 249 p. ch. et 1 p. p. le Priv.

Edition rare et recherchée à cause de deux vers libres qui ont été ajoutés au conte de la Servante justifiée. Cette édition a été détruite en partie par l'éditeur lui-même. L'auteur des « *Sentimens crit. sur La Bruyère* » dit (p. 189), que le libraire qui s'était d'abord chargé de ces *Contes* en eût du scrupule et qu'il brûla, par le conseil de son directeur, tous les exemplaires qui lui restaient.
Edition contenant : quatre contes nouveaux. *L'Hermite* ; *Mazet de Lamporechio* ; *Les Frères de Catalogne* — *La Coupe enchantée* (fragment), et de plus *La Dissertation sur la Joconde*, par Boileau. — Exemplaire a laver. Hauteur : 150 millim.

1108. **La Fontaine.** Contes et nouvelles en vers. A PARIS, *chez Claude Barbin*, 1671, in-12, cart. de 1 f. bl. et 1 f. p. le titre, 211 p. ch. et pag. p. le Priv.

Edition originale de la troisième partie. Les mots, *Troisième partie* sont grattés sur le titre, qui ainsi que le f. blanc sont détachés de la reliure. Hauteur : 152 millim.

1109. **La Fontaine.** Contes et nouvelles en vers, de Monsieur de La Fontaine. Nouvelle édition enr. de tailles-douces. A AMST., *chez H. Desbordes*, 1685, 2 vol. in-8, fig., dérel.

Edition ornée de figures à mi-page, par Romain de Hooghe, en *premier tirage*. Quelques petites taches.

1110. **La Fontaine.** Contes et nouvelles en vers, par M. de La Fontaine. A AMSTERDAM (*Paris, David jeune*), 1743, 2 vol. pet. in-8, portr. et vign., dérel.

1 frontispice dessiné par Fessard, 2 fleurons sur les titres et 69 vignettes par Cochin, gravés par Chédel, Fessard et Ravenet, sans signatures. Hauteur : 164 millim.

1111. **La Fontaine.** Contes et nouvelles en vers. A AMST. (*Paris, David jeune*), 1745, 2 vol. pet. in-8, front. gr. et figures, v. br.

Edition ornée d'un frontispice, 2 fleurons sur les titres et 69 vignettes à mi-page, par Cochin, gravés par Chédel, Fessard, etc. Un plat de la reliure manque.

1112. **Recueil** de quelques pièces nouvelles et galantes tant en prose qu'en vers. COLOGNE, *Pierre Du Marteau* (*Amsterdam, Dan. Elsevier*), 1667, 2 tom. en 1 vol. pet. in-12, v. m.

Troisième édition elzévirienne de ce recueil et la plus recherchée, dit Willems. C'est le plus intéressant peut-être des recueils du même genre ajoute le même bibliographe. Le 1er volume contient 34 pièces fort bien choisies. On y trouve le *Voyage de Chapelle et Bachaumont*, des pièces signées de Boileau, Corneille, etc. — Le second contient 88 pièces. (A. C.)

1113. Boileau. Œuvres diverses du sieur D..., avec le traité du sublime et du merveilleux dans le discours, trad. du grec de Longin. PARIS, 1674, in-4, front. et figures de Chauveau, v. (*Rel. anc.*).

Première édition sous le titre d'Œuvres.

1114. Boileau. Œuvres diverses du sieur D..., avec le traité du sublime ou du merveilleux dans le discours, trad. du grec de Longin. PARIS, *Thierry*, 1694, 2 vol. in-12, front. gr., fig., v. br.

1115. Boileau. Œuvres diverses, avec le traité du sublime ou du merveilleux dans le discours. PARIS, *Denys Thierry*, 1701, 2 vol. in-12, front. gr., figures, v. br. (*Rel. anc.*).

On y a joint l'édition de PARIS, *Denys Thierry*, 1675, in-12, front. gr., veau, et l'édition de 1694, 2 vol. in-12, front., v., dont la reliure est dépareillée.

1116. Bensserade. Œuvres. PARIS, 1697, 2 vol. in-12, front. gr., v. br. (*Deux exemplaires*).

Edition originale. On y a joint : Bensserade. Œuvres, *suiv. la copie.* A PARIS, 1698, 2 tom. en 1 vol. in-8, v. br.

1117. Poètes gascons (Recueil de) cont. les œuvres de P. Goudelin de Toulouse avec le Dictionnaire de la langue toulousaine (les Folies de Le Sage de Montpellier, de Michel de Nîmes). AMST., 1700, 2 vol. in-12, front. gr. et portr., demi-rel. chagr. r.

1118. Poètes du XVIe siècle. 3 vol. in-12, veau et vélin. (*Rel. anc.*).

Les œuvres de Ph. Des Portes. ROUEN, 1611, titre gr. — Les poésies de G. COQUILLART. PARIS, *Coustelier*, 1723. — Opvs. Merlini Cocaii, poetæ manutuarii macaronicorum. VENETIIS, 1564, vign. sur bois, demi-rel. maroq. vert (*Purgold*).

1119. Poètes français du XVIIe siècle. 10 vol. in-8 et in-12, rel. veau.

Les œuvres de M. Fr. Malherbe. PARIS, 1642, dérel. — Prières chrétiennes. 1680. — Satires du sieur D... (Despréaux). PARIS, 1669. — Boileau. Œuvres. 1675, front., dérel. — La Fontaine. Œuvres posthumes. PARIS, *Guill. Deluyne*, 1696, veau (*Edition originale*). — Œuvres de maître Adam Billaut PARIS, 1806, portr. — Œuvres de Théophile. ROUEN, 1651, racc. — Cantiques spirituels. 1720. — Phèdre. Fables. 1716, dérel. — Gresset. Œuvres poétiques. GENÈVE, 1741, préparé pour le rel.

1120. Poètes français du XVIIe siècle. 5 vol. in-8 et in-12, vélin et veau (*Rel. anc.*).

Ferrier. Préceptes galans, poème. PARIS, 1678. — Œuvres de M. Sarasin. PARIS, 1696. — Le Laboureur. Charlemagne, poème héroïque. PARIS, 1664. — Le Moyne. Saint-Louis ou la sainte Couronne conquise. PARIS, 1658. — Du Cros. La Fille de Scire. PARIS, 1630.

1121. Poètes français. Réunion de 12 vol. in-8 et in-12, rel. veau et vélin.

Privat de Fontanilles. Malthe ou l'Ile-Adam. PARIS, 1749, in-8. — Carnot. Opuscules poétiques. PARIS, 1820, in-8. — Aubry. Œuvres en vers et en prose. NIMES, 1818, front. in-12. — Scudéry. Alaric ou Rome vaincue. PARIS, 1655. — David, poème par Lesfargues. 1687, in-12, fig. — Saint-Amant. Moyse sauvé. LEYDE, 1654, in-12. — Œuvres du philosophe sans-souci. POTZDAM, 1760, in-12. — Ruaei. Carminum, etc. LUTETIAE, 1688, in-12. — Coquillart. Poésies. PARIS, *Coustelier*, 1723. — Recueil de quelques pièces nouvelles et galantes. COLOGNE, 1664, in-12. — Mellain de S. Gelais. Œuvres. PARIS, 1719, in-12. — Auvray. Les Poesmes. ROUEN, 1622, in-12. — Tabellæ de vita et morte e Gallico D. Mathaei. PARIS, 1624, in-12.

III. THÉATRE FRANÇAIS
Corneille. — Molière. — Racine

1122. Virgile Inclyta Æneis : P. Virgilii Maronis, poetarum optimi, in regiam tragicocomediam, servatis ubique heroïcis versibus redacta (à la fin) : *Impressum* FRANCOFURTI *ad M. ap. P. Reffelerum*, 1576, pet. in-4, nombr. fig: sur bois, demi-rel. v, m,

L'Enéide de Virgile en forme de drame. Rare. — Les premiers ff. sont troués.

1123. **Corneille** (P.). Le Cid, tragi-comédie. A Paris, *chez Aug. Courbé*, 1644, pet. in-4, demi-rel. v. br. (*Rel. mod.*).

1124. Corneille (Pierre). La suite du menteur, comédie. *Imp. à* Rouen, *et se vend à Paris, chez Ant. de Sommaville et Aug. Courbé*, 1645, pet. in-4, demi-rel. mar. vert.

Edition originale. Petit raccommodage dans la marge du fonds.

1124 *bis*. Corneille (P.) : Tite et Bérénice, comédie héroïque. Paris, *Loyson*, 1679,155 mm. — Œdipe, tragédie. *Impr. à* Rouen, *et se vend à* Paris, *chez Aug. Courbé*, 1659, mouillures, 138 mm. — **Thomas Corneille** : Timocrate. 1658, 145 mm. — Stilicon. 1660, 160 mm. — Ens. 4 pièces in-12, dérel.

1125. Corneille (Pierre et Th.). Pièces de Théâtre la plupart en éditions originales de ce format. 17 vol. in-12 dérel. (*Courtes de marges*).

  I. **Cinna.** Paris, *Toussainct Quinet*, 1643 (*coin du titre enlevé*).
  II. **Rodogune.** *Imprimé à Rouen et se vend à* Paris, *Toussaint Quinet*, 1647.
  III. **Andromède**, tragédie. A Rouen, *chez Laurens Maurry*, 1651.
  IV. **D. Sanche d'Arragon.** Paris, *G. de Luyne*, 1653. Ed. orig. in-12 ; court de marges.
  V. **Le Geolier de soy-mesme.** Rouen, *par Maurry, pour G. de Luynes*, 1656.
  VI. **Les Illustres Ennemis.** Rouen, *par Maurry, pour Aug. Courbé*, 1657.
  VII. **Le Berger extravagant.** *Rouen, Maurry et se vend à* Paris, *chez G. de Luynes*, 1654.
  VIII. **La Toison d'or.** *Impr. à Rouen et se vend à* Paris, *chez Aug. Courbé et G. de Luynes*, 1662, seconde édition.
  IX. **Sertorius.** *Imprimé à Rouen et se vend à* Paris, *Aug. Courbé*, 1662.
  X. **Sophonisbe.** *Impr. à Rouen et se vend à* Paris, *chez G. de Luynes*, 1663.
  XI. **Attila, Roy des Huns.** Paris, *chez G. de Luynes*, 1668.
  XII. **Le Baron d'Albikrac.** Paris, *G. Guinet*, 1669.
  XIII. **La Mort d'Annibal.** A Rouen, *et se vend à* Paris, *chez Claude Barbin*, 1670.
  XIV. **Ariane.** Paris, *G. de Luynes*, 1672.
  XV. **Théodat.** Paris, *chez G. de Luynes*, 1673.
  XVI. **La Mort d'Achille.** Paris, *Claude Barbin*, 1674.
  XVII. **Nicomède.** 1652 (contrefaçon).

1126. Corneille (Œuvres de P.). Première (seconde et troisième) partie. || *Imprimé à Rouen, et se vend* || *à* Paris, *chez Ant. de Sommaville*, 1652, 3 vol. in-12 dérel., vélin et v. brun. (*Haut.* 130 *millim.*).

Le portrait et le frontispice manquent. — On y a ajouté 2 pièces de 1653 : Nicomède et Don Sanche ; mais elles sont plus courtes. Quelques déchirures et taches.

1127. Corneille (Œuvres de). Première, IIe, IIIe et IVe parties. *Imprimé à Rouen et se vend à* Paris, *chez Augustin Courbé*, MDCLIV (1654), 4 vol. in-12, portr., front. gr. dérel.

Tous les volumes sont au nom de Courbé avec la marque « *Curvata Resurco* », le quatrième volume est complété par les pièces suivantes ajoutées par l'éditeur, Le Berger extravagant, 103 p. — L'Amour à la mode, 112 p. Hauteur 140 millim. — Exemplaire préparé pour la reliure.

1128. Corneille (Œuvres de P.). Paris, *chez Augustin Courbé*, 1656-57, 4 vol. in-12 portr. et front., dérel.

Exemplaire avec tous les volumes à l'adresse de Courbé et avec sa marque (*curvata resurco*). **Edition très rare.** La première partie, avec le frontispice daté de 1654 et le titre de 1637 (les exemplaires avec la date de 1656 étant inconnus). — Les seconde et troisième parties avec la date de 1656, la quatrième de 1655. Nous ne connaissons pas d'exemplaire autrement formé au nom de Courbé sous ces dates. — Haut. 145 millim. — Quelques déchirures.

1129. Corneille. Le Théâtre de P. Corneille, reveu et corrigé par l'Autheur. *Imprimé à Rouen, et se vend à* Paris, *chez Augustin Courbé et Guil. de Luynes*, 1660, 3 vol. in-8, front. et figures de Chauveau, dérel.

Edition contenant en tête de chaque volume un *Discours* et des *Examens*, dans lesquels l'auteur passe en revue chacune de ses pièces et qui paraissent ici pour la première fois. Hauteur : 155 mm. — Quelques taches et déchirures dans les marges.

La gravure d'Andromède au t. III qui n'existait pas dans l'exemplaire de Rochebilière vendu 225 fr. se trouve dans cet exemplaire. Elle est comptée dans la pagination.

1130. **Théâtre de P. Corneille** (Le) reveu et corrigé par l'Autheur. *Imprimé à Rouen, et se vend à* PARIS, *chez Guill. de Luynes*, 1664, 2 vol. in-fol., portr. et front. gr., veau. (*Rel. fatiguée*).

1131. **CORNEILLE** (Le Théâtre de P.), reveu et corrigé par l'Autheur (I, II, III et IVe parties). *A Rouen et se vend à* PARIS, *chez Guill. de Luynes et Th. Jolly*, 1664-66, 4 vol., figures. — Poëmes dramatiques de Th. Corneille (I, II et IIIe parties). *A Rouen, et se vendent à* PARIS, *chez Guil. de Luynes*, 1665-1666, 3 vol., figures. Ens. 7 parties en 6 vol. in-8, figures de Chauveau, v. brun.

Plusieurs volumes sont déboîtés, des feuillets y ont été changés et remplacés par d'autres. (*Très rare avec toutes les figures*).

1132. **Corneille** (P. et Th.). Théâtre reveu et corrigé, et augmenté de diverses pièces nouvelles. *Suivant la copie imprimée à Paris* (AMSTERDAM, *Wolfgang*), 1665, 7 vol. pet. in-12, front. grav., dérel.

Pierre Corneille. Tomes 1-2-3-4. — Thomas Corneille. Tomes 1-2-3 avec pièces datées de 1663 et 1664.

1133. **Corneille** (P. et Th.). Théâtre *Suivant la copie imprimée à Paris* (AMST., *Wolfgang, marque « Quærendo »*), 1665, pet. in-12 dérel., 40 vol. séparés. Hauteur : 127 à 130 millim.

1134. **Corneille** (P. et Th.). Recueil de pièces séparées de leur théâtre. *Suivant la copie imp. à Paris* (AMSTERDAM, *Wolfgang, marque « Quærendo »*), 1665 à 1678, 290 pièces et défets, pet. in-12 dérel. (*Hauteur : 127 à 130 millim.*).

Agésilas, 2 ex. — Attila, 2 ex. — Le Cid, 13 ex. — Cinna, 2 ex. — Clitandre, 4 ex. — La Galerie du palais, 7 ex. — Heraclius, 13 ex. — Horace, 2 ex. — L'Illusion, 6 ex. — Médée, 7 ex. — Mélite, 2 ex. — Le Menteur, 7 ex. — Suite du Menteur, 1 ex. — Nicomède, 8 ex. — Œdipe, 6 ex. — Othon, 12 ex. — Pertharite, 20 ex. — La Place Royale, 4 ex. — Pompée, 10 ex. — Rodogune, 3 ex. — Sanche d'Arragon, 15 ex. — Sertorius, 6 ex. — Sophonisbe, 1 ex. — La Suivante, 8 ex. — Théodore, 6 ex. — La Toison d'Or, 2 ex. — La Veuve, 7 ex. — Discours sur la Tragédie, 12 ex. — Discours des Trois Unitez, 10 ex. — *Thomas-Corneille*, Antiochus, 8 ex. — Baron d'Albikrac, 3 ex. — Bérénice, 7 ex. — D. Bertran de Cigarral, 4 ex. — Le Charme de la voix, 12 ex. — Comte d'Essex, 1 ex. — Comtesse d'Orgueil, 9 ex. — Darius, 6 ex. — Le Feint Astrologue, 3 ex. — Le Geôlier de soy-mème, 9 ex. — Illustres ennemis, 8 ex. — L'Inconnu, 5 ex. — Léodice, 17 ex. — Mort d'Achille, 9 ex. — Théodat, 3 ex. — Timocrate, 4 ex.

1135. **Corneille.** Le Théâtre de P. Corneille reveu et corrigé par l'Autheur. *A Rouen, et se vend à Paris, chez Guill. de Luynes*, 1668, 4 vol. in-12, v. br.

Exemplaire contenant : les Vers et les Poèmes sur les victoires de Louis XIV, les uns composés, les autres traduits par P. Corneille, avec pagination particulière. Haut. : 145 millim.

1136. **MOLIÈRE.** Pièces de Théâtre. Editions du XVIIe siècle. 8 vol. et fragments, in-12.

Les Femmes savantes. PARIS, 1673 (*Edition originale* ; *taches*). — Critique de l'Ecole des femmes. 1663 (*Edition originale* ; *manque la fin*). — Les Fâcheux. 1663-1672. — Le Misanthrope, défets. — Tartuffe, défets. — Médecin malgré luy. 1668, défets. — Le Cocu imaginaire, défets. — L'Escole des Maris, défets.

1137. **MOLIÈRE** (Les Œuvres de Monsieur). A PARIS, *chez Lovys Billaine et Gabriel Quinet*, 1666, 2 vol. in-12, 2 front. gr. ; prép. p. la reliure.

Première édition collective des œuvres ; le titre du tome premier au nom de Lovys Billaine. Le second au nom de Gabriel Quinet.

Exemplaire préparé pour la reliure. Hauteur : 149 millim. — Le titre du tome second n'a que 132 millim. Petite réparation au frontispice.

BELLES-LETTRES

1138. **Molière** (Les Œuvres de Monsieur). A Paris, *chez Estienne Loyson et Jean Guignard fils*, 1666, 2 vol. in-12, 2 front. gr., dérel.

Exemplaire en état médiocre ; déchirures, taches. Incomplet du frontispice au tome second.

1139. **MOLIÈRE** (Les Œuvres de Monsieur de). A Paris, *chez Denys Thierry et Claude Barbin*, 1674-1676, 7 vol. in-12, dérel., et rel. v. brun.

Cette édition doit être considérée comme la véritable originale des œuvres. Elle fut publiée dans l'année qui suivit la mort de l'auteur. *Quelques taches et déchirures.* Hauteur : 153 millim.

1140. **Molière**. Œuvres. Paris, *Denys Thierry et Claude Barbin*, 1674, en ff., dérel. ou rel.

Tome I, 2 ex. — Tome II, 2 ex. — Tome III, 2 ex. — Tome IV, 2 ex. — Complets et incomplets.

1141. **Molière**. Œuvres. Paris, *Denys Thierry, Claude Barbin et Trabouillet*, 1676, in-12, veau ou dérel.

Tome I, 3 ex. — Tome II, 2 ex. — Tome V, 3 ex. — Tome VI, 3 ex. — Tome VII, 3 ex. — Complets et incomplets.

1142. **Molière**. Les Œuvres de Monsieur de Molière, reveuës, corrigées et augmentées, enrichies de figures en taille-douce. A Paris, *chez Denys Thierry, Claude Barbin et Pierre Trabouillet*, 1682, 8 vol. in-12, figures de Brissart v. ; dérel. (*Emboîtage ancien*).

Première édition complète, publiée par Charles Varlet de La Grange et Vinot. C'est la première dans laquelle se trouvent imprimées les six comédies suivantes : *Don Garin de Navarre. — L'Impromptu de Versailles. — Don Juan, ou le Festin de Pierre. — Mélicerte. — Les Amants magnifiques. — La Comtesse d'Escarbagnas.* Hauteur : 163 mill.

1143. **Molière**. Les Œuvres de Monsieur de Molière. A Amsterdam, *chez Jacques Le Jeune*, 1675-84, 6 vol. pet. in-12, front. gravé, dérel.

On y a joint le voulme des Œuvres posthumes. Amst., (Wetstein), 1684, préparé pour la reliure. Hauteur : 128 millim.

1144. **Molière**. Les Œuvres de Monsieur Molière. A Amsterdam, *chez Jacques Le Jeune* (*Dan. Elzevier*), 1675, 5 vol. — Œuvres posthumes. Amst., 1684, 1 vol. Ens. 6 vol. petit in-12, dérel.

Première édition de Daniel Elzevier formée de la réunion des 27 pièces imprimées séparément. Hauteur : 131 millim. *Trois exemplaires.* — On y a joint les tomes 1-2-3, et 9 pièces diverses de la même édition.

1145. **Molière**. Œuvres. Amst., *chez Jacques Le Jeune*, 1674-75-79. Réunion de 240 pièces séparées et 23 vol. divers, dérel. et rel.

1146. **Molière**. Œuvres posthumes. Amsterdam, *chez J. Le Jeune* (*Wetstein*), 1684, pet. in-12, vél.

On y a joint 11 pièces séparées du même volume avec la date de 1684 et 28 avec la date de 1689.

1147. **Molière**. Œuvres. Nouvelle édition. Paris, 1734, 6 vol. in-4, portr. et figures de Boucher, veau, fil. (*le tome 6 manque*).

1 portrait et 26 figures. — Les tomes 1 et 5 sont atteints d'humidité dans les marges. La reliure ancienne est défraîchie.

1148. **Molière**. Œuvres. Nouvelle édition. Paris, 1734, 6 vol. in-4, *portrait*, br., non rog.

Exemplaire ne contenant pas les gravures de Boucher de cette édition. On y a joint la suite (réduction de Boucher) gravée par Legrand, Fessard, collée par 4 sur la même feuille. Le titre et quelques pages du tome premier sont remontées dans les marges du devant.

1149. **Racine** (J.). La Thébayde ou les frères ennemis, tragédie. A Paris, *chez Claude Barbin*, 1664, in-12, dérel.

Edition originale. Marges inégales. Hauteur : 140 millim. Déchirures au titre.

1150. **Racine**. Andromaque, tragédie. A Paris, *chez Claude Barbin*, 1668, in-12, dérel. *Hauteur* : 130 *millim*.

<small>Edition originale. On y a ajouté quelques défets de la première et seconde édition.</small>

1151. **Racine** (J.). Iphigénie, tragédie par M. Racine. A Paris, *chez Claude Barbin*, 1675, in-12, front., dérel.

<small>*Edition originale.* — Quelques taches et mouillures. Hauteur : 152 millim.</small>

1152. **Racine** (J.). Les Plaideurs, comédie. A Paris, *chez Claude Barbin*, 1669, in-12, dérel.

<small>*Edition originale.* Exemplaire à marges inégales et état médiocre. Taches. Piqûres de vers. Haut. : 138 millim.</small>

1153. **Racine** (J.). Bajazet, tragédie par M. Racine. *Et se vend pour l'autheur*. A Paris, *chez Pierre Le Monnier*, 1672, in-12, dérel.

<small>*Edition originale.* Marges inégales. Haut. : 150 millim.</small>

1154. **Racine** (J.). Phèdre et Hippolyte, tragédie par M. Racine. A Paris, *chez Jean Ribou*, 1677, in-12, front. gr., dérel.

<small>*Edition originale.* Haut. : 160 millim. Mouillures.</small>

1155. **Racine** (J.). Esther, tragédie tirée de l'Ecriture Sainte. A Paris, *chez Denys Thierry*, 1689, in-12, front. gr., prép. pour la rel.

<small>Edition originale in-12. Haut : 159 millim.</small>

1156. **Racine**. Esther, tragédie tirée de l'écriture sainte. A Paris, *chez Denys Thierry*, 1689, in-4, dérel.

<small>*Edition originale.* La gravure manque. *Quatre exemplaires*. — On y a joint quatre exemplaires comme défets ; et un exemplaire : Athalie, tragédie tirée de l'écriture sainte. Paris, *Denys Thierry*, 1691, in-4 sans la gravure.</small>

1157. **Racine** (J.). Esther, tragédie tirée de l'escriture sainte. A Paris, *chez Denys Thierry*, 1689, in-12, front. gr., préparé pour la reliure.

<small>Edition originale in-12, sans nom d'auteur.</small>

1158. **RACINE**. Œuvres. A Paris, *chez Claude Barbin*, 1676, 2 vol. in-12, front. et fig., v. br. (*Rel. anc.*).

1159. **Racine** (Œuvres de). Paris, *Cl. Barbin*, 1687, 2 vol. in-12, v. br. (*Rel. uniforme du temps*).

<small>**Seconde édition originale** de Racine. Elle contient le *Phèdre* qui a été ajouté dans les derniers tirages de 1676 et de plus que dans l'édition précédente, les discours de Racine à la réception de Thomas Corneille et Bergeret à l'Académie Française ainsi que l'*Idylle sur la paix*. — M. Mesnard dans son édition de Racine de la Collection des grands écrivains publiée chez Hachette, dit que l'édition de 1687 est importante par les variantes qu'elle présente quand on la compare avec celle de 1676.— Exemplaire très grand de marges. Hauteur : 165 millim. — Un exemplaire de 162 millim. 1/2 a été vendu 160 fr., voir les prix vente Rochebilière.</small>

1160. **Racine** (Œuvres de). A Paris, *chez Denys Thierry*, 1687, 2 vol. in-12, front. gr., figures, dérel. (*Hauteur 161 millim.*).

1160 *bis*. **Racine** (Œuvres de). *Suiv. la copie impr. à* Paris. (*Amst. Elzevier*), 1678, 2 vol. petit in-12, front., figures, dérel. (Marque Quærendo). Hauteur 129 mm.

1161. **Racine** (Œuvres de J.). Suiv. la copie impr. à Paris (Amsterdam, *Wolfgang*), 1682, 2 vol. pet. in-12, front. et fig., v. brun (*Hauteur* : 130 *millim.*).

1162. **Racine** (Œuvres de J.). Amsterdam, *chez Ab. Wolfgang*, 1690, 2 vol. pet. in-12, front. et fig. dérel. (*Haut.* : 129 *millim.*'.

4163. **RACINE** (Œuvres de). A Paris, *chez Pierre Trabouillet*, MDCXCVII (1697), 2 vol. in-12, front. gr., fig., v. br. (*Rel. dépareillée*).

Première édition complète avec Esther et Athalie, et la dernière donnée par Racine. Elle a fixé le texte de toutes les éditions postérieures. *Hauteur* : 165 millim.

1164. **Racine** (Jean). Pièces de Théâtre, publiées en Hollande par les Elzevier, de 1673 à 1690. Pet. in-12, front. gr., dérel.

Mitrhidate. 1673, 2 ex. — Iphigénie. 1675, 2 ex. — Phèdre. 1677, 1 ex. — Bajazet. 1678, 3 ex. — Alexandre. 1678, 5 ex. — La Thébaïde. 1678, 2 ex. — Phèdre. 1678, 4 ex. — Andromaque. 1678, 2 ex. — Les Plaideurs. 1678, 5 ex. — Bérénice. 1678, 1 ex. — Iphigénie. 1678, 1 ex. — Britannicus. 1678, 2 ex. — Andromaque. 1682, 2 ex. — Iphigénie. 1682, 2 ex. — Bérénice, 1682, 2 ex. — Esther. 1689, 1 ex. — Athalie. 1691, 1 ex. — La Thébaïde. 1682, 3 ex. — Britannicus. 1682, 6 ex. — Bajazet. 1690, 4 ex. — Les Plaideurs. 1690, 2 ex. — Andromaque. 1690, 1 ex. — Mithridate. 1690, 1 ex. — Britannicus. 1690, 1 ex. — Bérénice. 1690, 4 ex. — Athalie. 1691, 2 ex. — Esther. 1692, 4 ex. — Athalie. 1698, 3 ex. — La Thébaïde. 1698, 2 ex. — Alexandre. 1698, 2 ex. — Britannicus. 1698, 2 ex. — Bérénice 1698, 2 ex.
On y a joint des défets de ces diverses pièces.

1164 *bis.* **REGNARD**. Les Œuvres de M. Regnard. Paris, *chez Pierre Ribou*, 1708-1707, 2 vol. in-12, front. et fig., dérel.

Edition originale à pagination continue : *Le Légataire universel* et *la Critique du Légataire*, ajoutés au deuxième volume sont en éditions originales. Hauteur 161 mm.

1165. **Le Sage.** Turcaret, comédie par Monsieur Le Sage. A Paris, *Ribou*, MDCCIX (1709), in-12, dérel.

Edition originale. Hauteur : 162 millim.

1166. **Carnaval** (Le), mascarade royale dansée par Sa Majesté le dix-huitième janvier 1668. Paris, *Ballard*, 1668, in-4 non rel. (*court de marges*). — Jephté, tragédie, par Boyer. Paris, 1692, in-4, couv. en pap.

1167. **Le Sage.** Recueil de pièces mises au Théâtre françois. Paris, 1739, 2 vol. in-12, veau brun. (*Rel. anc.*).

Edition originale.

1168. **Théâtre français du XVIIe siècle.** Pièces en éditions originales in-4 dérel. et rel. veau.

1. *L'Advocat dupé*, comédie (par Chevreau). Paris, *chez T. Quinet*, 1637.
2. *Hermogène*, tragi-comédie (par Desfontaines). Paris, *T. Quinet*, 1639.
3. *La Troade*, tragédie de M. Sallebray. Paris, *T. Quinet*, 1640, titre gravé.
4. *Callirhoé*, tragédie par M. Roy. A Dijon, *Augé*, 1733.
5. *Phaeton*, tragédie par M. Quinault. Dijon, *Augé*, 1732.
6. *Rodogune*, tragi-comédie de Corneille. 1647, incomplète du titre et pages 97 à fin.

1169. **Théâtre** (Recueil de 10 pièces de) du XVIIe siècle en éditions originales. 1 vol. in-4, v. br. (*Rel. anc.*).

L'Heureux Naufrage, tragi-comédie de Rotrou. 1651. — Rosemonde, tragédie de Baro. 1651. — Cosroès, tragédie de Rotrou (1650). — La Nopce burlesque ou le combat des centenaires. 1651. — Nitocris, reyne de Babylone, tragi-comédie de Rivier. 1650 (2 *ff. plus courts*). — Le Filandre, comédie de Rotrou. 1637. — L'Aveugle de Smyrne. 1638. — La Clarimonde. 1643, etc.

1170. **Opéras** (Recueil de 18 livrets d') du XVIIe siècle, en 2 vol. in-4, v. br. (*Rel. anc.*).

Ballet des Saisons. 1695. — Jason, ou la Toison d'or, tragédie. 1696. — Ariane et Bacchus, tragédie. 1696. — La Naissance de Vénus, opéra en musique. 1696. — Méduse, tragédie. 1697. — Vénus et Adonis, tragédie. 1697. — Aricie, ballet en musique. 1697. — L'Europe galante, ballet. 1697. — Issé, pastorale. 1697. — Les Festes galantes, ballet. 1697. — Amadis de Grèce, tragédie. 1699. — Marthésie, première reine des Amazones, tragédie. 1699, front. — Le Triomphe des arts, ballet. 1700. — Canente, tragédie. 1700. — Hésione, tragédie. 1700. — Scylla, tragédie. 1701. — Omphale, tragédie. 1701.

THÉATRE, ROMANS

1171. Théâtre (Pièces de) du XVIIe siècle. 20 plaq. in-12 br., dérel. et rel. en veau.

Molière. L'amour médecin. 1669 (2e éd.). — **Champmeslé.** La Rue St-Denis. 1682. — **Marivaux.** L'Ecole des Mères. 1732. — Delie, pastorale. 1668. — Œuvres de **Palaprat.** 1694. — Le Baron de la Crasse. 1662. — **Cyrano de Bergerac.** La Mort d'Agrippine. 1666. — Les Foux divertissans. 1681. — La Vie de Molière, par **Grimarest.** 1705, etc., etc.

1172. Théâtre (Pièces de) du XVIIIe siècle. Editions originales. 7 plaq. in-12, dérel.

1. **Dancourt.** Les Trois Cousines, comédie. PARIS, *Ribou*, 1700. — **Destouches.** L'Obstacle imprévu, comédie. PARIS, *Prault*, 1734. — 3. La Fausse Agnès ou le Poète campagnard. PARIS, *Prault*, 1736. — 4. Le Tambour nocturne ou le Mari devin. PARIS, 1736 (2 ex.). — 5. L'Envieux ou la Critique du Philosophe marié. *Id.*, 1736. — 6. Le Dissipateur ou l'Honneste Friponne. *Id.*, 1736 (2 ex.). — 7. L'Ambitieux et l'Indiscrette. PARIS, 1736. — 8. L'Amoureux usé, comédie. 1742. — 9. **Lesage.** Une Journée des Parques. PARIS, *Ribou*, 1735.

IV. ROMANS

1173. Rabelais (Les Œuvres de M. François), augm. de la vie de l'auteur et de quelques remarques sur sa vie et sur l'histoire, avec l'explication de tous les mots difficiles. S. l. (AMST., *Elzevier, à la Sphère*), 1663, 2 vol. pet. in-12, v. br. (*Rel. anc.*).

Hauteur : 134 millim. — Reliure fatiguée.

1174. Nouveau Panurge (Le) avec sa navigation en l'Ile imaginaire, son rajeunissement en icelle ; et le voyage que fit son esprit en l'autre monde, pendant le rajeunissement de son corps. A LYON, *jouxte la coppie imprimée à La Rochelle*, 1616, in-12, v. marb.

1175. (Philippe de Belleville). Théâtre d'histoire, où, avec les grands prouesses et aventures étranges du noble et vertueux chevalier Polimantes, prince d'Arfine, plusieurs occurrences fort rares et merveilleuses tant de paix que de guerre arrivées de son temps ès plus célèbres et renommés païs, roiaumes et provinces du Monde, œuvre non moins plaisant et agréable qu'utile et propre à tous princes, chevaliers, dames et damoiselles et autres amateurs de vertu du siècle présent. A BRUXELLES, *chez Rutger Velpius et Hubert Ant.*, 1613, in-4, nombr. fig. en taille-douce à mi-page, vél.

Les figures en taille-douce qui décorent ce volume sont ravissantes de composition. Ce sont autant de petits tableaux vivants du meilleur style de l'époque. Cet exemplaire contient la planche finale du mausolée et de l'épitaphe de Philippe II, ainsi que l'*Adresse au lecteur*, pièces placées à la fin et qui manquent souvent.

1176. Rossat (Fr. de). Romant des chevaliers de la gloire, cont. plusieurs hautes et fameuses adventures des Princes et des Chevaliers qui parurent aux courses faites à la place Royale, pour la fête des alliances de France et d'Espagne ; avec la description de leurs entrées, équipages, etc. PARIS, 1613, in-4, vél.

1177. Molière (François de). La suite et conclusion de la Polyxène du Sieur de Molière. Dernière partie. PARIS, *Fr. Pomeray*, 1632, 2 vol. in-8, v. marbr., tr. dor., marb. (*Rel. anc.*).

Bel exemplaire aux armes de Caumartin Saint-Ange.
La Polyxène, indiquée par quelques auteurs comme une tragédie, paraît être un roman inachevé de François de Molière, gentilhomme du Brionnais. Pomeray assure en avoir la suite ; on a publié depuis : « *la vraie suite de Polixène* » suivie et conclue sur ses mémoires (1634). (*Note ancienne*).

1178. Desmarets. L'Ariane, de nouveau revue et augm. de plus histoires et enr. de figures. A LEYDEN, *chez Fr. de Hegher*, 1644, 2 tom. en 1 vol. pet. in-12, front. gravé et fig. vélin de Holl. à rec. (*Rel. anc.*).

Jolie édition qui se joint à la Collection des Elsevier.
Les figures sont réduites d'après A. Bosse. — Hauteur : 130 mill.

BELLES-LETTRES

1179. **Montpensier** (Mlle de). Les Nouvelles Françoises, ou les divertissemens de la Princesse Aurélie. A Paris, *chez Anth. de Sommaville*, 1656-1657, 5 part. in-8, titre gravé ; préparé pour la reliure.
   Edition originale.

1180. **Scudéry.** Almahide ou l'esclave reine. Paris, *Courbé*, 1660, 4 tom. en 16 parties in-8, front. gr., veau marb.

1181. **La Fontaine.** Les Amours de Psyché et de Cupidon. A Paris, *chez Denys Thierry*, 1669, in-8 ; préparé pour la reliure.
   Edition originale.

1182. **La Fayette** (Mlle de). La Princesse de Montpensier. A Paris, *chez Thomas Jolly*, 1662, petit in-8, dérel.
   Edition originale. — On y a joint deux exemplaires incomplets.

1183. **La Fayette** (Mme de). Zayde, histoire espagnole, par Monsieur de Segrais. Avec un traité de l'origine des Romans, par Monsieur Huet. A Paris, *chez Claude Barbin* 1670-71, 2 vol. pet. in-8, 99 pp. ch. pour la Lettre de Huet, 1 pp. non ch., 441 pp. pour la 1re partie, 2 ff. prél. et 53' pp. pour la 2e partie, dérel.
   Edition originale.
   Exemplaire un peu taché ; quelques ff. à marges inégales.

1184. **Assoucy** (Les Avantures de Monsieur d'). A Paris, *chez Cl. Audinet*, 1677, 2 tom. en 1 vol. in-12, port., demi-chag. r.
   Exemplaire un peu court de marges.

1185. **Murat** (Mad. de). Voyage de campagne, par Mme la Comtesse de M..., Paris, *chez la Veuve de Cl. Barbin*, MDCXCIX (1699), 2 vol. in-12, v. gr.
   Edition originale.

1186. **Le Sage.** Le Diable boiteux. A Paris, *chez la Veuve Barbin*, MDCCVII (1707), in-12, front. gr., v. br.
   Edition originale, rare. — Quelques taches, déchirure au frontispice. Petite piqûre dans la marge.

1187. **Fénelon.** Les Avantures de Télémaque, fils d'Ulysse. Paris, *chez Jacques Estienne*, 1717, 2 vol. in-12, portr. et fig., dérel.
   Première édition (en petits caractères) conforme au manuscrit original. — On y joint : Deux exemplaires du tome second. Rel. v. br.

1187 bis. **Fénelon.** Les Avantures de Télémaque, fils d'Ulysse. Paris, *chez Florentin Delaulne*, 1717, 2 vol. in-12, front., figures et carte, v. br. (*Première édition en gros caractères*).

1188. **Le Sage.** Histoire de Gil Blas de Santillane, par Monsieur Le Sage. Enrichie de figures. A Paris, *chez Pierre Ribou*, 1715-1735, 4 vol. in-12, fig., v. br.
   Première édition des différentes parties de ce Roman. Quelques taches, mouillures et déchirures. Haut. 164 millim.

1189. **Le Sage.** Histoire de Gil Blas de Santillane. Paris, *chez P.-J. Ribou*, 1735, 4 vol. in-12, fig., dérel.
   Exemplaire lavé, préparé pour la reliure. Hauteur : 160 millim.

1190. **Le Sage.** Histoire de Gil Blas de Santillane. Dernière édition revue et corrigée. Paris, *par les Libraires associés*, 1747, 4 vol. in-12, figures ; préparé pour la rel.
   Bonne édition sous cette date, la dernière publiée par Le Sage. — Quelques taches et déchirures. Hauteur : 165 millim.

1191. Le Sage. Histoire de Gil Blas de Santillane, par M. Le Sage. Dernière édition revue et corrigée. A Paris, *par les Libraires Associés*, 1747, 4 vol. in-12, figures, v. br.
>Bonne édition sous cette date et la dernière publiée par Le Sage. Taches. Mouillures. Rel. dépareillée. Haut. 170 millim.

1192. Le Sage. Histoire de Guzman d'Alfarache, nouv. traduite et purgée des moralitez superflues. A Paris, *Et. Ganeau*, 1732, 2 vol. in-12, front. gr. et figure, v. br.
>Edition originale. Hauteur : 165 millim. Quelques gravures détachées. Mouillures.

1193. Le Sage. Le Bachelier de Salamanque, ou les Mémoires de D. Chérubin de la Ronda, tirés d'un manuscrit espagnol. *A La Haye, chez Pierre Gosse*, 1736-1738, 2 vol. in-12, fig. ; préparé pour la rel.
>Edition originale. Hauteur : 165 mill.

1194. Le Sage. Histoire d'Estevanille Gonzalez, surnommé le Garcon de bonne humeur, tirée de l'espagnol. Paris, *chez Prault*, 1734, 4 part. en 2 vol. in-12, dérel.
>Edition originale. — Préparé pour la reliure. Hauteur : 165 millim.

1195. Sallengre (de). Histoire de P. de Montmaur. La Haye, 1715, 2 vol. in-12, front. gr., figures, v. gr.
>Aux armes de Beaumont, évêque de Saintes. Curieuses figures dont la métamorphose de Gomor en marmite.

1196. Montesquieu. Le Temple de Gnide. Paris, *Simart*, 1725, in-12, v.
>Edition originale, anonyme. — Bel exemplaire imprimé sur papier fort. Aux pages 1, 19, 24, 35 et 45, il porte de petites bandes de papier imprimées et collées en manchettes, indiquant le commencement des chants : 1er *chant*, 2e *chant*, etc... Ces manchettes collées n'existent que dans fort peu d'exemplaires. M. Vian, dans sa Bibliographie de Montesquieu, ne signale point cette particularité. — Très belles marges. Hauteur : 154 millim.

1197. Hamilton (Le Comte Ant.). Le Bélier, conte. A Paris, *rue S. Jacques chez Jean Fr. Josse*, 1730, in-12, v. m. (*Edition originale*).

1198. Prévost (L'abbé). Histoire du Chevalier des Grieux et de Manon Lescaut. A Amst. (*Paris*), MDCCLVI (1756), 2 part. en 1 vol. in-12, v. éc. (*Rel. mod.*).
>Edition ornée de 8 figures par Gravelot et Pasquier, gravées par Lebas.

1199. Chinki. Histoire cochinchinoise qui peut servir à d'autres pays (par René de Bouillé). Londres, 1768, in-8, maroq. rouge, fil., dos orné et aux angles, tr. dor. (*Rel. anc.*).

1200. Restif de la Bretonne. La Prévention Nationale, action adaptée à la scène ; etc. A La Haie, *et se trouve à Paris*, 1784, 3 vol. in-12, fig., cart. non rog.
>10 figures par Binet.

1201. Restif de la Bretonne. Tableaux de la vie, ou les Mœurs du XVIIIe siècle. A Neuwied, s. d. et Paris, 1787, 2 vol. pet. in-12, fig., vél. et br.
>Le tome premier contient 9 figures de Moreau ; le second, édition de Paris, n'en contient qu'une.

1202. Restif de la Bretonne. L'année des dames nationales. Paris, 1791-96, 12 vol. in-12, figures de Binet, br., non rog.

1202 bis. Swift. Voyages de Gulliver. A Paris, *dans la boutique de la V. Coustelier, chès Jacques Guérin*, 1827, 2 tom. en 1 vol. in-12, portr. et fig., v. br.
>Edition originale de cette traduction due à l'abbé Desfontaines. — Portrait gravé par Ravenet ajouté. — Armoiries recouvertes sur les plats.

BELLES-LETTRES

1203. Romantiques (Auteurs de la période). 12 vol. in-8, demi-rel. chagr. ou Bradel (*Editions originales*).

> **Mérimée.** La Double Méprise. 1833. — Théâtre de Clara Gazul, 1830 (2ᵉ éd.). — **Nodier.** Inès de Las Sierras. 1837. — **Musset.** Frédéric et Bernerette. 1840 (*titre remonté*). — **Balzac.** David Séchard. 1843, 2 vol. (*Cachets sur les titres*). — **Balzac.** Jane la Pâle. 1836, 2 vol. — **Lamartine.** Chant du Sacre. 1825 (2 ex.). — **Stendhal.** Racine et Shakespeare, n° II. 1825, br., couv. — **Guiraud.** Césaire, 1830, 2 tom. en 1 vol.

1204. Romans de Chevalerie. XVIᵉ siècle. 4 ouvr. en 4 vol. in-fol. et in-4 goth. et lettres rondes, fig. rel. et dérel. (*Très incomplets*).

> Primaléon de Grèce. (Paris, vers 1550, fol., fig., v. (*Manque le titre et le f. corresp.*). — Le premier (et second) livre du preux chevalier Palmerin d'Angleterre. Lyon, 15 , 2 tomes en 1 vol. fol., v. (*Les titres manquent*). — De cameron. Cy fini se livre de Cameron lequel compila Jehan Bocaco. *Impr. à* Paris, *par la veuve feu Mich. le noir, mil c. vingt et ung* (1521), in-4, goth., 2 fig., dérel. (*Manque le titre*). — Perceforest. Paris, 1532, 1 vol. et fort paquet de défets.

1205. Cent nouvelles nouvelles (Les) du Roi Louis XI, avec d'excellentes figures en taille-douce, grav. sur les dessins du fameux M. Romain de Hooge. A Cologne, *chez Pierre Gaillard*, 1701, 2 vol. in-12, fig., dérel.

> Premier tirage des figures à mi-page de R. de Hooghe.

V. CONTEURS EN PROSE. — DIALOGUES. PROVERBES

1206. Tabourot (Estienne). Les Touches du Seigneur des Accords. Premier (second et troisième) livre. Paris, *J. Richer*, 1585, in-12 de 124 ff. chiffr., cart.

> **Edition originale** des trois premiers livres des *Touches*. Très rare sous cette date. — C'est par erreur que Brunet dit que ces trois prem. livres se composent de 112 ff. Il en faut réellement 124 pour que le livre soit complet. Ces *Touches* sont en vers et le plus souvent accompagnées de leur *Contre-Touche*. Rien de ce qui compose ce volume n'a été reproduit dans les diverses éditions collectives des *Bigarrures* où se trouve cependant une partie intitulée : *Les Touches*. — Vendu jusqu'à 178 fr. avec un titre daté de 1586 à la vente H. de Chapponay en 1863. (Voir Brunet). Haut. : 138 millim. — On n'en connaît que deux autres. (A. C.).

1207. Tabourot (Est.). Les Bigarrures du Seigneur des Accords, quatriesme (second) livre, avec les apophthegmes du seigneur Gaulard augmentées. Paris, *J. Richer*, 1588, in-12 de 162 ff. chiffr., vél.

> Edition rare. — Les *apophtegmes de Gaulard* sont augmentées d'une seconde partie. (*Pause seconde*) qui commence au feuillet 119. A la fin on voit la figure du four et de la chaise percée. — Bel exemplaire, dans sa première reliure.

1207 bis. Tabourot. Les Bigarrures et touches du seigneur des Accords, avec les apophtegmes du sieur Gaulard, et les escraignes Dijonnoises, dernière édition. Paris, *Et. Maucroy*, 1662, 4 parties en 1 vol. in-12, dérel.

1208. Bouchet (Guill.). Les Serées. Revue et augm. par l'aut. en ceste dern. édit. presque de moitié. *Se vendent à* Paris, 1608, 3 vol. in-12, demi-rel. mar. corinthe.

> Edition recherchée de cet ancien conteur. Elle est la première qui donne le texte complet de l'auteur. — Le tome III est de l'édit. de Rouen, 1615.

1209. Moyen de parvenir (Le), par Béroalde de Verville. Nouvelle édition corrigée de diverses fautes qui n'y étoient point et augmentée de plusieurs autres. A Chinon, *de l'impr. de François Rabelais, rue du grand Bracquemart, à la Pierre Philosophale, l'année pantagruéline*, s. d. (vers 1700), 2 tom. en 1 vol. pet. in-12, figure ajoutée, v.

> Le *Moyen de Parvenir* est un recueil de petits contes joyeux et de quolibets auquel ont amplement puisé non seulement Tabarin et Bruscambille, mais encore d'Aubigné dans son *Baron de Fœneste* et Sorel dans son *Histoire de Francion*. — Cette édition en 544 pp. non compris le titre est bien imprimée dit Brunet et avec des caractères qui dénotent une impression hollandaise du commencement du XVIIᵉ siècle.

1210. **Heures perdues de R. D. M.** (Les), auteur françois, dans lequel les esprits mélancoliques trouveront des remèdes propres pour dissiper ceste fascheuse humeur. Lyon, *Cl. Larjot*, 1615, pet. in-12, vél.

<small>Première édition de ce recueil de nouvelles assez libres. — Exemplaire grand de marges.</small>

1211. **Bruscambille** (Les plaisants paradoxes de) et autres discours comiques. Le tout nouvellement tiré de l'escarcelle de ses imaginations, augm. en cette 3ᵉ édition. Lyon, *jouxte la copie impr. à Rouan*, 1618, pet. in-12, vél. bl.

1212. **Bruscambille** (Les Œuvres de) cont. les fantaisies, imaginations et paradoxes et autres discours comiques, le tout nouv. tiré de l'escarcelle de ses imaginations, revu et augm. par l'auteur. A Rouen, *chez Robert Séjourné*, 1629, in-12, vél. (*Rel. anc.*).

1213. **Divertissements curieux** (Les) ou le trésor des meilleures rencontres et mots subtils de ce temps. Lyon, 1650, pet. in-8, front. gravé, rel. vélin.

<small>Compilation amusante contenant environ 800 facéties.</small>

1214. (**Fr. de la Bretonnière**). Le cochon mitré, dialogue. Paris, *chez le Cochon (Hollande)*, XVIIᵉ siècle, pet. in-8, rel. pleine en peau de cochon imitant le maroquin citron, figure du cochon mitré en cartouche sur les plats, fil., dent. intér., tr. dor.

<small>« Edition originale rare et recherchée de cette satire, dit Brunet ». L'auteur est Fr. de la Bretonnière, bénédictin de St-Denis, réfugié en Hollande sous le nom de La Fond ; il fut trahi par un juif et transporté au Mont St-Michel où il fut enfermé dans une cage de fer et mourut dans cette prison. Exemplaire de Renard.</small>

1215. **Boccace** (Contes et nouvelles de), florentin. Traduction libre accommodée au goût de ce temps. Seconde édition dont les figures sont nouv. gravées par les meilleurs maîtres sur les dessins de Romain de Hooghe. Cologne, *Jacques Gaillard*, 1702, 2 vol. pet. in-8, nombr. fig. à mi-page, br.

<small>Exemplaire **non rogné**.</small>

1216. **Boccace.** Contes et nouvelles de Boccace, florentin, trad. libre. A Cologne, *chez Jacques Gaillard*, 1702, 2 vol. in-12, fig., dérel.

<small>Figures à mi-page de Romeyn de Hooghe. Marges inégales.</small>

1217. **Bandel** (Histoires tragiques, extraites des œuvres de), et mises en langue françoise par P. Boaistuau, natif de Bretaigne et Fr. de Belleforest. Paris, 1571-83, 7 vol. in-16, vél. (*Reliure dépareillée*).

<small>Le T. IV est de l'édition de Lyon, I. Farine 1578.</small>

1218. **Folengo.** Histoire macaronique de Merlin Coccaie, prototype de Rabelais, où est traicté les ruses de Cingar, les adventures de Léonard, les forces de Fracasse, enchantemens de Gelfore et Pandraque et les rencontres heureuses de Balde, plus l'horrible bataille advenue entre les Mousches et les Fourmis. 1606, in-12 de 6 ff. non chiffr., et 900 p. ch. vél. ancien à recouvr.

<small>**Edition originale** de la première traduction française de ce poème bouffon, modèle du genre, dit macaronique. L'auteur Théophile Folengo qui a travesti son nom en celui de Merlin Coccaie, a donné dit-on, le nom de macaronique à cette composition plus que bizarre où le latin est parlé et assaisonné à cause du macaroni qu'on assaisonne avec un mélange de farine, de beurre et de fromage. — Cette traduction française de 1606 a été réimprimée en 1734 avec la fausse date de 1606. — Le présent exemplaire est de la véritable et première édition qui se rencontre très rarement.</small>

1219. (**Vialardi**). La Fameuse Compagnie de la Lesine ou Alesne, c'est-à-dire, a manière d'espargner, acquérir et conserver. A Paris, *chez R. Boutonné*, 1618. — **La Contre-Lesine** ou plustot discours, constitutions et louanges de la libéralité remplis de moralité, de doctrine et beaux traits admirables, etc. Paris, 1618. Ens. 2 vol. in-12, vél.

<small>Ces deux ouvrages sont traduits de l'italien de Vialardi.</small>

1220. Anciens Conteurs Français. 6 vol. pet. in-12, demi-rel. v. et vél.

Les Contes et discours bigarrez du sieur de **Cholières.** PARIS, 1610. — *La Contre-lesine.* PARIS, 1618. — Paradoxes et facécieuses fantaisies de **Bruscambille.** ROUEN, 1620. — Œuvres de **Bruscambille.** ROUEN, 1635. — *Le Tombeau* de la mélancolie, par le sieur **D. V. G.** LYON. 1640. — *Dialogues françois,* par **Parival.** LEIDE, 1698.

1221. Erasme (Les Colloques d'). Ouvrage très intéressant par la diversité des sujets, par l'enjouement et pour l'utilité morale. Nouv. trad. par M. Gueudeville, avec des notes et des fig. très ingénieuses. LEIDE, 1720, front. gravé et nombr. grav. à l'eau-forte à mi-page, de Van Orley, 6 tom. en 3 vol. in-12, demi-rel. mar. vert.

1222. Vignier, etc. Dialogues rustiques d'un prestre, d'un berger et sa femme très utile pour ceux qui demeurent ès pays où ils n'ont le moyen d'estre instruicts par la prédication de la Parole de Dieu, par P. D. M. GENÈVE, *Jean Debaptista,* 1649. — Légende dorée ou Sommaire de l'histoire (*sic*) des Frères Mendians de l'Ordre de Dominique et de François, comprenant briefvement et véritablement l'origine, le progrez, la doctrine et les combats d'iceux tant contre l'Eglise Gallicane principalement que contre les Papes et entr'eux mesmes depuis quatre cens ans (par Nic. Vignier le fils). LEYDEN, *J. Le Maire,* 1608, 2 ouvr. en 1 vol. in-8, v. m.

Le premier ouvrage dont l'auteur se dit maître d'école à Tiel dans les Flandres, est adressé « aux bergers d'Arthois, mes bons amis Salut par Jésus-Christ ».

1223. Meurier (G.). Trésor des anciens proverbes, sentences dorées, dicts, proverbes et dictons communs réduitz selon l'ordre alphabétic..... LYON, 1582, in-16, demi-rel.

1224. Peignot (G.). Histoire morale, civile, polit. et littér. du Charivari, dep. son origine, vers le IVe siècle, par le Docteur Calybariat, de Saint-Flour ; suiv. du complément de l'histoire des Charivaris, jusqu'à l'an 1833, par E.-C. Bassinet. PARIS, 1833, in-8, demi-rel. v. bl.

Un des ouvrages les plus curieux et les plus rares de Peignot.

1225. Balzac (de). Aristippe, ou de la cour. A LEIDE, *chez J. Elzevier,* 1658, 1 vol. front. Lettres choisies du Sr de B. A. AMSTERDAM, *chez les Elzeviers,* 1656, 1 vol. — Socrate chrestien. A AMSTERDAM, *J. Pluynier,* 1662, 1 vol. Ens. 3 vol. pet. in-12, front. gr., vélin (*Rel. anc.*).

Hauteur : 130 millim.

1226. Balzac (de). Aristippe, ou de la cour. A AMSTERDAM, *chez Daniel Elzevier,* 1664, 1 vol., front. — Lettres familières à Chapelain. A AMSTERDAM, *chez Louis et Daniel Elzevier,* 1661, 1 vol. — Socrate chrestien, par le Sr de B. et autres œuvres. A AMSTERDAM, *chez J. Pluynièr,* 1662, 1 vol. — Lettres choisies du Sr de B. A LEIDEN, *chez les Elzeviers,* 1652, 1 vol. Ens. 4 vol. pet. in-12, vélin. (*Rel. anc.*).

Hauteur : 130 millim.

1227. Balzac (de). Œuvres : *Daniel Elzevier.* AMSTERDAM, 1651-1664, 7 vol. pet. in-12, front., rel. veau et vélin. (*Hauteur* : 130 *millim.*).

Socrate chrestien. 1662 — Aristippe. 1664. — Les Entretiens. 1663. — Lettres familières. 1661. — Lettres choisies. 1656. — Œuvres diverses. 1651. — Lettres de feu de Balzac. 1659.

1228. Balzac (de). Œuvres. AMSTERDAM, *Elzevier,* 1651-1664, 7 tom. en 6 vol. pet. in-12, front., rel. veau et vélin. (129 millim.).

Les Entretiens. 1663. — Socrate chrestien. 1662. — Lettres de feu de Balzac. 1664. — Lettres familières. 1661. — Aristippe. 1664. — Lettres choisies. 1656. — Œuvres diverses. 1664.

1229. Scarron. Œuvres. *Suiv. la copie à Paris* (Amst., *Wolfgang*), 1668, 9 vol. pet. in-12, front., rel. vélin et veau.

<small>Edition Elzévirienne, à la marque « *Le Quærendo* » ainsi composée : Œuvres, 2 vol. — Le Virgile travesty, 2 vol. — Le Roman comique, 2 vol. — Les Dernières Œuvres, 2 vol. — Les Nouvelles Œuvres, 2 tomes en 1 vol. — Plusieurs ff. sont détachés. Haut. : 130 millim.</small>

1230. Scarron. Œuvres. *Suiv. la copie à Paris* (Amst., *Wolfgang*), 1668, 9 tomes en 7 vol., front., pet. in-12, rel. vélin et cart.

<small>*Edition Elzévirienne* à la marque « *Le Quærendo* » ainsi composée : Œuvres, 2 tomes en 1 vol. — Le Virgile travesty, 2 vol. — Le Roman comique, 3 tomes en 2 vol. — Les Nouvelles Œuvres, 2 p. en 1 vol. — Les Dernières Œuvres, 2 part. en 1 vol. ; tous sont de bonne date. Le titre des Nouvelles Œuvres est légèrement plus court. — Haut. : 130 millim.</small>

HISTOIRE
1. Voyages. — Histoire de France, etc.

1231. L'Isole piv famose dell mondo, descr. da Th. Porcacchi da Castiglione Arretino e intagl. da Gir. Porro Padovano. In Padova, appr. *P. et Fr. Galignani*, 1620, in-fol., titre gravé et cartes dans le texte, cart. (*Taches à q.q. ff.*)

1232. Belon (du Mans). Les observations de plusieurs singularitez et choses mémorables, trouvées en Grèce, Asie, Indee, Egypte, Arabie et autres pays estrangers ; et augm. de figures. En Anvers, *de l'impr. Ch. Plantin*, 1555, pet. in-8, fig., dérel.
<small>Avec le plan du Mont Sinaï qui manque souvent.</small>

1233. Beauveau. Relation journalière du voyage du Levant faict et descrit par H. de Beauveau, baron du dit lieu et de Manonville (par Garnich). Nancy, 1615, pet. in-4, titre gr., nombr. fig. sur cuivre, v. br. (*Rel. anc.*).

1234. Roger (Recollect). La Terre Sainte ou description topogr. très particulière des saincts lieux et de la terre de promission. A Paris, 1664, in-4, fig., v. br. (*Rel. fatig.*).

1235. De Moléon. Voyages liturgiques de France, ou recherches faites en diverses villes du royaume, cont. plusieurs particularités touch. les rits et les usages des Eglises, avec figures. Paris, 1757, in-8, fig., veau. (*Cachet sur le titre*).

1236. (Martène et Durand). Voyage littéraire de 2 religieux bénédictins de la Congrétion de Saint-Maur (D. Martène et D. Durand). Paris, 1717-24, 3 tom. en 2 vol., in-4, figures, v. br. (*Rel. anc. dépareillée*).

1237. Voyages. 9 vol. in-12, figures et cartes, v. br. et dérel.
<small>Voyage Pour la rédemption des Captifs aux royaumes d'Alger et Tunis : fait en 1720, par Comelin, Bernard, etc. Paris, 1721. — Etat des royaumes de Barbarie, Tripoly, Tunis et Alger. Rouen, 1703. — Voyage du Mont Liban, trad. du P. Dandini, par R. S. P. Paris, 1675. — Lettres édifiantes et curieuses sur la visite de M. de La-Baume, à la Cochinchine en 1740, par Favre. Venise, 1753, 2 vol. Histoire de la Conquête du Mexique ou de la Nouvelle Espagne, par Fer. Cortez. Paris, 1704, 2 vol. — Les Voyages de M. Payen en Angleterre, Flandre, Brabant, Pologne, etc. 1668. — Relation de l'établissement de la Compagnie française pour le Commerce des Indes. 1666.</small>

1238. Belle-Forest (Fr.), Comingeois. Histoire universelle du monde, cont. l'entière description et solution des 4 parties de la terre, la division et étendue d'une chacune région et province d'icelles. Paris, 1572, in-4, v. br. (*Rel. anc.*).
<small>La quatrième partie ff. 253 à 326, est relative à l'Amérique. — Déchirure au f. 256.</small>

1239. Bossuet. Discours sur l'histoire universelle. Paris, *Mabre-Cramoisy*, 1681, in-4, veau br. (*Rel. anc.*).
<small>Edition originale.</small>

1240. Auzoles-Lapeyre. L'Anti-Babeau ou anéantissement de l'attaque imaginaire du R. P. Jacques Bolduc, capucin, par Jacques d'Auzoles Lapeyre, fils de Pierre d'Auzoles et de Marie de Fabry d'Auvergne, régnants les très chrestiens Louis XIII et Anne d'Espagne, dédié à Monseign. Charles de L'Aubespine, marquis de Chasteauneuf, garde des sceaux de France. PARIS, *G. Alliot*, 1632, in-8, mar. vert, pl., armoiries sur le dos, au milieu et aux angles des plats, tr. dor. (*Rel. du temps*).

<small>Aux armes de l'auteur, d'**Auzoles Lapeyre**. Il était secrétaire du duc de Montpensier et consacra ses loisirs à débrouiller le chaos de la chronologie. Beaucoup de ses erreurs ont été relevées par le P. Sadan et le P, Bolduc, P. Petau. Il y répondit aigrement. D'Auzoles avait proposé de réduire l'année à 360 jours afin qu'elle put commencer par un dimanche et finir par un samedi. (*A. C.*)</small>

1241. **Tacitus** (C. C.). ex J. Lipsii editione cum not. et mend. H. Grotii. *Lugduni Batavorum, ex offic. Elzeviriana*, anno 1640, 2 tomes en 1 vol. pet. in-12, titre gr., dérel. (*Hauteur* : 131 *mill.* 1₁2). On y ajoint.

<small>1241 *bis* **Gronovii** (Joh. Fred.) ad T. Livii Patavini libros superstites notae. *Lugd. Batav Ex. offic. Elzeviriom*, 1645, pet. in-12 marque « *Non Solus* » mar. rouge, fil. dos or, tr. dor. (*Rel. XVIII*e *s.*) Ce volume forme le complément des Œuvres de Tite Live.</small>

1242. **Hutichius**. Imperatorum et Cæsarum vita cum imag. ad vivum effig. expressis, libellus auct. cum iconiis consulum. ARGENTORATI, 1534, pet. in-4, vélin. (*Rel. anc.*).

<small>Orné de remarquables bordures sur bois et de médaillons sur fond noir, que l'on attribue à Vogtherr.</small>

1243. **Duchesne** (A.). Historia Francorum scriptores coaetanei ab ipsius gentis origine ad Pipinum usque regem etc. LUTETIÆ PARISIORUM, 1636-49, 5 vol. in-fol., veau marb. (*Rel. anc.*).

1244. **Valesii** (H.). Historiographie regii notitia Galliarum ordine litterarum digesta. PARISIIS, 1675, in-fol., v. br.

1245. **Vincent de Beauvais**. Le Premier (IIe, IIIe, IVe) volume du Miroir hystorial.*Ils se vendent en la rue Saint-Jaques, à* PARIS, *à l'enseigne de la Fleur de Lys d'or*, 1531, 4 vol. in-4 goth., vél. mod.

<small>Le titre du tome 3 manque ainsi que quelques ff.</small>

1246. **Froissart**. Des Cronicques de France, d'Angleterre, d'Escoce et d'autres lieux voysins. PARIS, *Anthoine Vérard*, s. d., tom. 1 et 2. — **Enguerrand de Monstrelet**, en suyvant Froissart. PARIS, *pour Anthoine Vérard*, s. d., premier vol. : 1 vol. Ens. 3 vol. in-4 goth., vél. et v. (*Incomplets de plusieurs cahiers*).

<small>On y a ajouté le premier volume des cronicques de **Monstrelet**. Edition de Jehan **Petit** et Michel **Le Noir**. S. d., in-4 goth., v. br.</small>

1247. **Froissart**. Les Cronicques de France, d'Angleterre, d'Escoce, d'Espagne et autres lieux circonvoisins. PARIS, *Françoys Regnault*, s. d., 4 vol. — **Enguerrand de Monstrelet**, en suyvant Froissart ; des cronicques de France, d'Angleterre, d'Escoce. *Imprimé à* PARIS, *l'an de grace*, 1518, *pour Françoys Regnault, en la rue Saint-Jacques à l'enseigne St-Claude*, 3 vol. in-4. Ens. 7 vol. in-4 goth., vél. mod.

<small>Incomplets des titres (sauf ceux du tome 4 de Froissart et du tome 3 de Monstrelet) et de plusieurs cahiers. — On y a joint quatre volumes dépareillés incomplets de Froissart.</small>

1248. **Froissart** (Le second volume de) des Croniques de France, d'Angleterre, d'Escoce, de Bretaigne, de Gascongne, de Flandres et lieux circonvoisins. *Imprimé à* PARIS, *pour Françoys Regnault libraire, demourant en la rue Sainct Jacques, à l'enseigne Sainct-Claude* (1518), in-fol. goth. à 2 col., marque de Francois Regnault sur le titre et sur un feuillet séparé à la fin, parch.

1249. **Commines** (Les Mémoires de Messire Philippe de), sieur d'Argenson. Dernière édition. A LEIDE, *chez les Elzéviers*, 1648, pet. in-12, titre grav. préparé pour la rel. (*Quelques taches et ff. plus courts* ; 127 *mill.*).

1250. Lemaire de Belges (Jan). Les illustrations de Gaule et singularitez de Troye, avec deux épistres de Lamant Uert composés par Jan Le Maire de Belges. *Imprimé à* PARIS, *au moys de Janvier* 1512 *pour Maistre Jan Lemaire, par Geoffroy de Marnef*, gr. in-4 goth. de X et 80 pp. à 48 lignes par page. — Le second liure des Illustrations de Gaule et singularitez de Troye (privilège en date de Blois, 1er mai 1512). *Impr. au mois d'aoust* 1512 *par Geoffroy de Marnef*, 4 ff. prél. LII ff. ch. et 2 ff. de table. — Le tiers liure des Illustrations de Gaule et singularitez de Troye, intitule nouuellement de France orientale... (à la fin). *Imprimé à* PARIS *au moys de Juillet, l'an* 1513, *par Jan Le Maire.... pour Geoffroy de Marnef...*, 8 ff. prél. et LVII ff. avec figures sur bois. Ens. 3 part. in-4, dérel.

On y a joint deux exemplaires incomplets du livre II.

1251. Trippault (L.). Histoire et discours ou vray du siège qui fut mis devant la ville d'Orléans par les Anglois le mardy XII jour d'octobre 1428, cont. toutes les saillies, escarmouches et autres... qui de jour en jour y furent faictes avec la venue de Jeanne la Pucelle. ORLÉANS, 1606, pet. in-8, vélin (titre doublé).

1252. Le Moyne (P.). La Gallerie des femmes fortes. A LEIDEN, *chez J. Elzevir et* PARIS, *chez Ch. Angot*, 1660, pet. in-12, front. gr. et fig., dérel. (*Marges inégales*).

1253. (Mathieu). Histoire des derniers troubles de France soubs les règnes des rois Henri III et Henri IV, cont. tout ce qui s'est passé jusques à la paix faicte entre les rois de France et d'Espagne et de Savoye. *Impr. l'an* 1604, 4 part. en 2 vol. pet. in-8, v. br. (*Rel. anc.*).

1254. L'Estoile (P. de). Mémoires-journaux. Edition pour la première fois complète et ent. conforme aux mss. orig. publ. par Brunet, Champollion, Halphen, Paul Lacroix, Ch. Read. PARIS, *Jouaust*, 1875-83, 11 vol. in-8, br.

Papier fort de Hollande. Tiré à 100 exemp.

1255. Camusat. Mélanges historiques ou recueil de plusieurs actes, traitez, lettres missives et autres mémoires qui peuvent servir en la déduction de l'histoire depuis l'an 1390 jusqu'en l'an 1580. TROYES, 1619, 3 part. en 1 vol. in-8, vélin.

Recueil important qui contient une foule de pièces inédites et des plus intéressantes.

1256. (Combauld). Histoire des ministres d'Estat qui ont servi sous les roys de France de la troisième lignée, avec le sommaire des règnes auxquels ils ont vécu, le tout justifié par les chroniques des auteurs contemp. PARIS, 1642, in-fol., front. et portr., veau fauve, fil. à comp. (*Armoiries sur le dos*).

1257. Ribier. Lettres et mémoires d'Estat des Roys, princes, ambassadeurs et autres ministres, sous les règnes de François 1er, Henry II et François II, contenans les intelligences de ces roys avec les princes de l'Europe contre les menées de Charles-Quint, princip. à Constantinople auprès du Grand Seigneur, en Angleterre avec Henry VIII, en Allemagne avec les princes de l'Empire, en Italie avec le Pape et les Vénitiens, les intrigues de quatre conclaves avec div. pratiques sur Naples, Gennes et Sœrne, les causes de la guerre de Parme et autres particularitez inconnues dans nos histoires. Ouvrage composé de pièces originales, la plupart en chiffres, négociations et instructions à nos ambassadeurs et mesme de minutes de nos Roys, rangées selon l'ordre des temps, par Messire Guill. Ribier, conseiller d'Estat. A BLOIS *et à* PARIS, 1666, 2 vol. in-fol., demi-rel. v. rouge.

Recueil des plus importants pour l'histoire diplomatique du XVIe siècle, contenant des documents secrets qu'on ne trouve que là.

1258. Mazarinades. Recueil de 40 pièces curieuses. PARIS, 1649, en 1 vol. in-4 (avec 11 portr. par Moncornet), v. br.

Lettre du P. Michel, religieux hermite de l'ordre de Camaldoli, près Grosbois, au duc d'Angoulême, sur les cruautez des Mazarinistes en Brie. — Lettre envoyée à la Reyne de Suède, pour la divertir de prendre les armes contre les Parisiens ; portr. — Explication du magnifique dessein du feu de joye faict par ordre du Prévost des Marchands de la ville de Paris. — Question, si la voix de Dieu ? — Les Regrets du Card. Mazarin sur le lèvement du siège de Cambray, 1649 ; etc., etc. — *On y a joint* : *Factum* pour ceux de la Religion P. R. de *Caen*, 12 pp. — Le *Courrier françois*, apportant toutes les nouvelles véritables de ce qui s'est passé depuis l'enlèvement du Roy, tant à Paris qu'à St-Germain-en-Laye. PARIS, 1649 (suite de onze pièces), en ff.

1259. Mémoires, Histoire de France. 7 vol. pet. in-12, rel. veau et vélin.

Mémoires de Commines. PARIS, 1576, 1 vol. — Satyre Ménippée RATISBONNE. (*Brux.*, *Foppens*), 1664, 1 vol. ; pl. de la Procession. — Satyre Ménippée. S. l., 1649, 1 vol. — Mémoires du Duc de Guise. COLOGNE, *P. Marteau*, 1669, 2 tom. en 1 vol. — Bassompierre. Ambassade en Suisse (tome 1) et en Espagne. COLOGNE (*La Haye, Steucker*), 1668, 2 parties en 1 vol. — Négociation du Maréchal de Bassompierre en Angleterre. COLOGNE, 1668, 1 vol.

1260. Charles IX, Henri III, Henri IV (8 pièces hist. sur les règnes de). In-12 et in-8 dérel.

A. Discours pour la subvention des affaires du Royaume pour le rétabl. des fiefs. 1564.
B. Les Cérémonies tenues et observées à l'ordre et milice du St-Esprit. 1579.
C. Articles et conditions du traicté conclu entre le Prince de Parme et la ville de Bruxelles. 1585.
D. Déclaration de M. le Duc de Mayenne par laquelle il conjure tous bons catholiques d'accourir à la déf. de leur religion. 1589.
E. Arrest du grand Conseil sur l'exemption des tailles à Lyon. 1600.
F. Les Articles des Cayers généraux de France présentés par Guillaume.
G. Discours merveilleux du grand tremblement de terre advenu en ville de Rouen, Beauvais, Pontoise, etc. 1580 (*réimpression sur peau de vélin*).

1261. Histoire de France. XVIe siècle (Mémoires). 9 vol. in-8 et in-12, mar., vél. et v.

1. Mémoires de l'Estat de France sous Charles IX, cont. les choses mémorables faites et publiées tant pour les catholiques que par ceux de la Religion jusques au règne de Henri III. MEIDELBOURG, 1578, 2 vol. in-8, mar. citron. comp. (*Rel. anc. Tomes* 1 *et* 2 *seuls*).— 2. Histoire des troubles et guerres civiles du pays de Flandres. LYON, *par Jean Stratius*, 1584, in-8, vélin. — 3. La vraye et ent. histoire des troubles et guerres civiles, avenues de nostre temps, pour le faict de la religion tant en France, Allemagne, que Pays-Bas, par le Frère de Laval. PARIS, *M. Locquenceulx*, 1574, 2 vol. — 4. Histoire de l'Estat de France tant de la République que de la Religion sous le règne de François II (par R. de La Planche). S. l., 1576, 1 vol. — 5. Le Thrésor des Histoires de France, par Gilles Corrozet. PARIS, *Corrozet*, 1603, in-8. — 6. Mémoires et recueil de l'origine, alliance de la roy. maison de Bourbon (par de Belloy). A LA ROCHELLE, 1587, in-8, vél. — 7. Ordonnances roy. sur le fait de l'admirauté, juridiction d'icelle du mois de Mars 1543. A ROUEN, *du Petit Val et J. Viret*, 1557, in-12, vél.

1262. Histoire de France. XVIe et XVIIe siècles. 7 vol. in-8 et in-12, rel. v.

1. La vraye et ent. histoire des troubles et guerres civiles, avenus de nostre temps, pour faict de la religion, tant en France, Allemagne que Pays-Bas, par de Laval. PARIS, *Guill. de la Noué*, 1576, 2 vol. — 2. Mémoires du Comte de **Varack**, depuis 1700 jusqu'à 1748. AMSTERDAM, 1751, 2 tom. en 1 vol. — 3. Mémoires gén. des guerres de Piedmont, Savoye, Montferrat, etc., commençant aux Mémoires de **Du Villars** depuis 1550 jusques en 1562, par C. M. PARIS, *J. Guignard*, 1630, 2 vol. in-8. — 4. Histoire du Ministère du cardinal Ximénez, par de **Marsolier**. PARIS, *G. Dupuis*, 1704, 2 vol.

1262 bis. Recueil de 4 pièces sur la mort d'Henri IV, en 1 vol. pet. in-8, demi-rel.

Contenant : Discours funèbre sur la mort du feu roy, par messire J. Bertaut. PARIS, *chez la veuve Abel l'Angelier*, 1610.—Discours lamentables sur l'attentat et parricide commis en la personne d'Henri IV, l'an 1610. — Oraison funèbre prononcée en l'église Saint-Gervais, le 22 juin- 1610. PARIS, *F. Jacquemin*, 1610.— Oraison funèbre prononcée dans la grande église de Paris, aux obsèques de Henri le Grand. PARIS, *Macé*, 1610.

1263. Rosset (Fr. de). L'Histoire du Palais, cont. les aventures des chevaliers qui parurent aux courses faites à la place Royale pour les alliances de la France et de l'Espagne, avec la suitte de ce qui s'est passé sur ce subject, etc., etc. PARIS, *Huby*, 1616, 2 part. en 1 vol. in-4, vélin de Holl.

1264. **Mercure françois** ou la suite de l'histoire de la paix, commençant l'an 1605, pour suite au Septenaire du D. Cayer. Paris, *J. Richer et O. de Varennes,* 1619-1639, 20 vol. in-8, vélin (*Tom.* 1 *à* 21 *moins* 18 *et* 19).

On y a joint : la Chronologie septenaire. 1605, 1 vol. et 40 vol. divers du Mercure françois.

1265. **Louis XIII** (Réunion de 56 pièces sur le règne de), publ. de 1610 à 1640. 56 opusc. pet. in-8 et in-12, rel. et br.

Lettre de M. le Prince envoyée à la Royne touch. le refus à luy faict en la ville de Poictiers. Paris, 1614. — Discours vérit. de ce qui s'est passé en la ville de Troyes sur les poursuites faites par les Jésuites pour s'y establir dep. l'an 1603. 1612. — Célèbre harangue faicte au Roy par les habitans de la ville de Bourdeaux. Troyes, 1615. — La copie d'une inscription cont. dans une peau de vélin enclose en un tuyau de plomb, avec de la poussière de charbon et mise dans le ventre du cheval de bronze sur laquelle la statue de Henry le Grand est posée, etc. Paris, *F. Morel,* 1614, 7 p., etc.

1266. **Richelieu** (Mémoires pour l'histoire du Cardinal Duc de), rec. par Aubery. A Cologne, *chez P. Marteau (Amst., D. Elzevier),* 1667, 5 vol. pet. in-12, dérel. et rel. en veau.

Véritable Elzévir d'Amsterdam. — Les Tom. 1 et 3 sont préparés pour la reliure, les tom. 2, 4 et 5, en veau, reliure ancienne. Haut. : 132 millim.

1267. **Mazarinades.** Réunion de 75 pièces publ. de 1649 à 1664. In-4, dérel.

Le Rendez-vous d'un soldat congédié et sa rencontre avec des filous (en vers), 1649— La La Deffaite de 800 hom. des troupiers du Mar. de La Ferté près Natheuil par l'armée de l'Archiduc Léopold. 1652. — Récit de ce qui s'est passé à l'emprisonnement du père de Mazarin. — Harangue à MM. les Echevins et Bourgeois de Paris, par le S. Dragor, champenois. — Catéchisme royal. — Avis au Mar. de Turenne. — La nappe renversée chez Renard. — La magnifique entrée des ambassadeurs Polonois dans la ville de Paris avec la première audience qu'ils ont eue de leurs M. M. 1645, etc., etc.

1268. **Fléchier.** L'Hercule françois ou l'explication de la thèse. Paris, *Mabre-Cramoisy,* 1668, in-4, en-tête par Chauveau et grande vign. aux armes du Roi Louis XIV à la fin, demi-rel. veau fauv?.

Edition originale.

1269. **(Bessé).** Relation des campagnes de Rocroix et de Fribourg en l'année 1643 et 1644. Paris, 1673, in-12, veau. (*Edition originale*).

1270. **Mausolées.** Pompes funèbres. Panégyriques. Réunion de 12 plaq. in-4, pl. gr. par Martinet d'après Challe, dérel. et br.

Descr. du mausolée de Stanislas Leczynski, roi de Pologne, dans l'Eglise de N.-D. 1766, 3 pl. par Challe. — Descr. du catafalque d'Elisabeth Farnèze. 1766, 3 pl. par Challe. — Ferdinand VI. 1760. — Léopold Ier, duc de Lorraine. 1729. — Descr. du mausolée de Philippe de Bourbon. 1766, 3 pl. par Challe. — Louis de France, duc de Bourgogne. 1761. — Daucour. Discours pour le rétablissement du roy. 1687. — H. Jordani. Panegyricus Ludovico Adeodato dictus. 1654, 2 ex. — Panégyrique de Louis de France, par Riquet. 1689. — Panegyricus Ludovico Magno Batavorum Victor dictus, a J. B. Letrosne. 1673.

1271. **Gazetier cuirassé** (Le) ou Anecdotes scandaleuses de la Cour de France (par Thévenot de Morande). *Imprimé à cent lieues de la Bastille, à l'enseigne de la Liberté,* 1771, in-8, veau.

A la fin : Mélanges confus sur des matières fort claires par l'auteur du Gazetier Cuirassé. Imp. sous le Soleil, s. d. — Le Philosophe cynique pour servir de suite aux Anecdotes scandaleuses de la Cour de France. S. d.

1272. **Bachaumont.** Mémoires secrets pour servir à l'histoire de la République des lettres en France depuis 1762 jusqu'à nos jours ou Journal d'un Observateur. Londres, 1784-1789, 36 vol. in-12, br., non rog.

1273. **Chronique scandaleuse** (La) ou Mémoires pour servir à l'histoire de la génération présente, cont. les anecdotes et les pièces fugitives les plus piquantes que l'histoire secrète des sociétés a offertes pendant ces dernières années (par Imbert). A PARIS, *dans un coin d'où l'on voit tout*, 1785-1801, 6 vol. in-12, demi-rel. (*Piqûres de vers au dernier vol.*).

— **Le même ouvrage.** PARIS, 1785-91, 5 vol. in-12, br. — On y a joint huit vol. du même ouvrage. (Tomes 1-2-3-4).

II. Provinces de France

1274. **Bergier.** Le dessein de l'histoire de Reims avec diverses curieuses remarques touch. l'establissement des peuples et la fondation des villes de France. REIMS,1635, in-4, fig., vélin (*Rel. anc.*).

1275. **Tarbé.** Notre-Dame de Reims. REIMS, 1852, gr. in-8, plan, 6 grav. sur ac. et 25 fig. sur bois, demi-rel. cuir de Russie, non rog.

Exemplaire de choix sur *papier Bristol* avec double suite des gravures hors texte ; les eaux-fortes avant la lettre. — Tiré à 20 exemplaires.

1276. (**Toussaint Du Plessis**). Description géograph. et histor. de la Haute-Normandie dont le premier comprend le pays de Caux et le second le Vexin. PARIS, 1740, 2 vol. in-4, avec cartes, veau marbr.

1276 bis. **Harfleur.** Antiquitez de la ville de Harfleur recherchées par le Sieur de La Motte, eschevin en ladite ville, avec quelques discours qui ont été prononcez à Monseigneur le Duc de S. Aignan. Au HAVRE DE GRACE, *chez Jacques Gruchet*, 1676, in-8, dérel.

Rare. Les marges du haut sont un peu rongées par l'humidité.

1277. **Chalon-sur-Saône.** L'illustre Orbandale ou l'histoire anc. et mod. de la ville et cité de Chalon-sur-Saône, enr. de plus. recherches curieuses et divisée en éloges (attrib. à Léonard Bertrand ou à Cusset). LYON et CHALON-SUR-SAONE, 1662, 2 vol. in-4, figures, demi-rel. dos et coins de veau fauve.

1278. **S. Aubin.** Histoire de la ville de Lyon anc. et moderne, avec les figures de toutes ses veües. LYON, 1666. — Histoire ecclésiastique de la ville de Lyon. 1666. 2 ouvr. en 1 vol. in-fol., front. et gr. plans, bas. fauve.

1279. **Colonia.** Histoire littéraire de la ville de Lyon, avec une bibliothèque des auteurs lyonnais distribuée par siècles. LYON, 1728-30, 2 vol. in-4, veau fauve.(*Rel. anc.*).

1280. **Ménestrier** (Cl. Fr.). Histoire civile ou consulaire de la ville de Lyon, justifiée par chartes, titres, chroniques, manuscrits, etc., et autres preuves, avec la carte de la ville. A LYON, 1696, in-fol., carte et fig., veau (*Rel. anc.*).

1281. **Boyer de Sainte-Marthe.** Histoire de l'église de Vaison, avec une chronologie de tous les évêques qui l'ont gouvernée et une chorographie ou description en vers latins et français, des villes, bourgs, villages, paroisses, etc., de ce diocèse. AVIGNON, 1731, in-4, veau.

1282. **Belzunce de Castelmoron.** L'antiquité de l'église de Marseille et la succession de ses évêques. MARSEILLE, *Veuve Brebion*, 1747, 3 vol. in-4, veau. (*Rel. anc.*).

1283. **Bouges** (Le P.). Histoire ecclésiastique et civile de la ville et du diocèse de Carcassonne, avec les pièces justif. et une notice anc. et mod. de ce diocèse. PARIS, 1741, in-4, demi-rel.

1284. **D'Aigrefeuille.** Histoire de la ville de Montpellier. MONTPELLIER, 1737-39, 2 vol. in-fol., vign. et plans, demi-rel. veau fauve.

1285. **Lebeuf.** Mémoires conc. l'histoire ecclésiast. et civile d'Auxerre. PARIS, 1743, 2 vol. in-4, cartes et plans, cart.

1286. **Guy Coquille**, Sr de Romenay. Histoire du pays et duché de Nivernois. PARIS, 1622, in-4, veau. (*Rel. anc.*).

1287. **Lemaire.** Histoire et antiquitez de la ville et duché d'Orléans avec les vies des Roys, Ducs, Comtes, Vicomtes, etc., plus les généalogies des nobles illustres. Ens. le tome ecclésiastique. A ORLÉANS, 1648, 2 ouvr. en 1 vol. in-fol., bas. fauve (*Rel. mod.*).

Un des rares exemplaires dont le texte des Généalogies va jusqu'à la pag. 104. — Le titre et la dédicace sont remontés.

1288. **Besly.** Histoire des Comtes de Poitou et des Ducs de Guyenne, cont. ce qui s'est passé de plus mémorable en France dep. l'an 811 jusques au Roy Louis le Jeune, etc. (revue par Dupuys). PARIS, 1647, in-fol., portr., bas. (*Rel. fatiguée*).

1289. **Bibliophiles Bretons** (Société des). Ens. 18 vol. in-4 (pap. vergé), br., couv.

Archives de Bretagne, recueil d'actes, de chroniques et de documents historiques rares ou inédits. Tomes I à VIII, 1883 à 1895, 8 vol. — Œuvres d'Olivier Maillard, 2 vol. — La Commission Brutus Magnier à Rennes, par de La Grimaudière, 1 vol. — Le Roman d'Aguin ou conquête de la Bretagne, publ. par Joüon de Longrais, 1 vol.
Chronique de Bretagne de Jean de Saint Paul, pub. par La Borderie, 1 vol. — Anthologie des poètes bretons du XVIIe siècle, 1 vol. — Le Bombardement de la machine infernale des Anglais contre St-Malo, en 1693, 1 vol. — Inauguration du monument Lobineau en 1886, 1 vol. — Les grandes croniques de Bretaigne composées en 1514 par Bouchart. 1 vol. — Contes et légendes de Basse-Bretagne, par Souvestre, etc. 1 vol. NANTES, 1877-91. Ens. 18 vol. in-4, pap. vergé, brochés, couv.

1290. **Légende des Flamens** (La), chronique abrégée en laquelle est faict succinct recueil de l'origine des peuples et estatz de Flandres, Arthois, Haynault et Bourgogne et des guerres par eux faictes à leurs Princes et à leurs voisins, avec plaisante communication de plus choses faictes en France, Angleterre et Allemagne, etc. PARIS, *par Galiot Du Pré*, 1558, pet. in-8, maroq. citron, fil., tr. dor. (*Rel. anc.*).

1291. **Rosières** (Fr. de). Stemmatum Lotharingiæ ac Barriducum tomi septem ab Antenore, Trojanarum reliquiarum ad paludes Macotidas rege, ad haec usque Caroli III Ducis Loth. tempora, etc. PARISIIS, 1580, in-fol., peau de truie.

Ouvrage écrit par un partisan des Guises. — Condamné au feu.

1292. **(Roussel).** Histoire ecclésiastique et civile de Verdun avec le pouillé, la carte du diocèse et le plan de la ville, par un Chanoine de la même ville. PARIS, 1745, in-4, carte et plan, veau.

Rare. Le plan et la carte ont de fortes cassures.

1293. **Fauleonnier.** Description hist. de Dunkerque, ville maritime et port de mer très fameux dans la Flandre Occidentale. BRUGES, 1730, 2 tom. en 1 vol. in-fol., front. gr., fig. et vign., demi-rel. chagr.

1294. **Saint-Genois** (Le Comte de). Droits primitifs des anciennes terres et seigneuries du pays et comté de Haynaut autrichien et françois ; et connoissance exacte de la mouvance des fiefs qui relevoient du Comté de Haynaut en 1410 et 1473. PARIS, 1782, 2 tom. en 1 vol. in-fol., demi-rel. v.

1295. **Nestor** (J.). Histoire des hommes illustres de la maison de Médicis avec un abbrégé des Comtes de Bolongne et d'Auvergne. PARIS, 1564, in-4 avec tabl. généalog., demi-rel. maroq. r.

1296. **Boyvin** (J.). Le siège de la ville de Dôle, capitale de la Franche-Comté de Bourgogne et son heureuse délivrance. DOLE, 1637, in-4, plan, cart. Bradel.

HISTOIRE

1297. **Dunod de Charnage**. Histoire de l'Eglise, ville et diocèse de Besançon. BESANÇON, 1750, 2 vol. in-4, veau marb.

1298. **Valbonais** (De). Mémoires pour servir à l'histoire de Dauphiné sous les Dauphins de la Maison de La Tour du Pin, où l'on trouve tous les actes du transport de cette province à la couronne de France. PARIS, 1711, in-fol., carte et fig., veau.(*Rel. anc.*).

1299. **Paradin**. Chronique de Savoye reveue et nouv. augm. par M. G. Paradin, doyen de Beaujeu, avec les figures de toutes les alliances des mariages qui se sont faicts en la maison de Savoye. A LYON, *par Jean de Tournes*, 1561, in-fol., blasons, veau brun, tr. dor. (*Exempl. réglé*).

1300. **Besson** (Mémoires pour l'histoire ecclés. des diocèses de Genève, Tarentaise, Aoste et Maurienne et du décanat de Savoye ; rec. et dressés par). NANCY (*Annecy*), 1759, in-4, demi-rel.

Exemplaire auquel on a joint une copie manuscrite très bien écrite et datée de 1776, de la fondation de la chapelle de Saint-Laurent à Cerdières en Maurienne.

1301. **Pièces historiques, curieuses, facétieuses et rares**, publiées au XVI et au XVIIe siècle. (LYON, impr. 1874-76), réimpression à petit nombre sur *papier vergé de Hollande*, 72 pièces in-8, br.

Discours véritable de l'exécution faite de 50 tant sorciers que sorcières exécutez en la ville de Douay. 1605. — Discours véritable d'un sorcier natif de Léon en Bretaigne surpris en ses charmes et sorcelleries au pays de Vivarois. 1611. — Histoire prodigieuse d'un jeune homme qui a tué et bruslé sa mère à Nogent-sur-Marne. 1611. — La Triste et lamentable complainte du capitaine La Quinte justiciez dans Paris et à Chalon-sur-Saône. 1607. — Discours véritables de divers prodiges arrivez en la ville d'Angers. 1609. — L'heureuse conversion de deux ministres appellez Pierre Cellette de Bergerac, en Périgord, etc. 1611. — Histoire merveilleuse d'un jeune homme d'Aix-en-Provence emporté par le diable. — Miracle advenu en la ville de Lyon en la personne d'un jeune enfant. 1619. — Histoire mémorable advenue à Villeneuve de Berc en Vivarets. 1613. — Histoire admirable advenue en la ville de Thoulouse d'un gentilhomme qui s'est apparu plusieurs fois à sa femme deux ans après sa mort. — La chasse donnée aux espouvantables esprits du chasteau de Bicestre. 1634. — Histoire lamentable d'une jeune damoiselle laquelle a eu la teste tranchée dans la ville de Bordeaux. 1618. — Hist. miraculeuse d'une figure de la vierge trouvée dans la forest de Bannelle. 1637. — Signes et prodiges veus dans la ville de Sedan. 1618. — Pronostique et prévoyance des choses rares démontrées par les corps et influences célestes, par La Carquillade. — Réduction de la ville de Chambéry. — Histoire véritable d'une femme qui a tué son mary, exécutée à Soiran. 1625. — Discours estrange d'une femme envers ses enfants de la Ferté-en-Bray. — Discours des signes et prodiges qui apparuz en la ville de Genève. 1579. — Discours de trois jeunes enfans exécutez et mis à mort dans la ville de Tours. — Paris vendu en 1589. — Desbordements de la rivière du Gardon en la ville d'Alez. 1605. — Cruautez d'une jeune damoiselle exécutée à Villeneuve d'Agen. 1623. — Déclaration de Candale dans le synode des Eglises réformées des Cévennes. 1616. — L'effroyable incendie et bruslement de la forêt de Boisfort en Picardie. 1611. — Discours de la cheute des ponts au Change et S. Michel. 1616. — Vision des fantosmes advenus au pays d'Angoumois. 1608. — Procès de trois sorciers es faulx bourgs St-Germain-des-Prez. 1619. — Histoire des assassinats, vols, exécutez dans la ville de Paris. — Figure d'un loup ravissant trouvé en la forêt des Ardennes. 1587. — Discours d'une hist. et miracle advenu à Montfort. 1588. — Faits miraculeux à l'endroit de plusieurs pèlerins de S. Michel. — Tremblement de terre ès villes de Tours, Orléans et Chartres. — Poésies protestantes par Paltrot. 1563. — Hist. prodigieuse arrivée en Normandie. 1618. — Déclaration de Gouffier faite à La Rochelle. 1616. — Conversion de Geofroy de Vaux faite à Toloze. 1597. — Réduction des villes de Dijon et Nuys. 1595. — Conversion de dix notables de Grasse en Provence. 1612. — Conversion de quatre personnes en l'église St-André-des-Arts. 1619. — Déclaration des motifs qui ont porté le sieur Rudavel à l'abjuration de la religion réformée dans l'église de Montpellier. 1627. — Conversion de M. Poylevé de Limoges. 1630. — Récit des processions faictes en la ville de Pons. 1633. — Pardons octroyées par le Pontife Chamier. 1614. — Effets de la foudre près de Gyen. — La vie de haute dame Gueline. 1612. — Discours d'un de la religion réformée de la Coste St-André en Dauphiné. 1620. — Le juste effet du jugement de Dieu arrivé à Clarac. 1628. — Mort espouvantable du ministre de la ville de Nismes. 1634. — Amours de Galigaya, pièce satirique sur la mort de la Mle d'Ancre. 1617. — Antiquitez Westphaliennes. 1634. — Cruautés de trois voleurs habillez en hermites tuoyent les voyageurs aux environs de Nantes. 1625. — Déluge des glaçons au pays de Poitou et Bretagne. 1608. — Terribles signes apparus sur la mer de Gennes. 1608. — Discours de ce qui est arrivé en la Comté d'Avignon. 1616. — Signes apparuz sur la ville et chasteau de Blois. 1589. — Déluge et inondation arrivé à Brive-la-Gaillarde. 1634. — Cruauté exercée par un Colonel de l'armée de Gallas, lequel a tué des paysannes, qui a esté mangé par les diables. 1637. — Desroute des troupes du Comte de Chastillon avec la prise d'Aubenas. 1621. — Forfait commis par un garson de Romilly en Savoye, 1606. — Punition de Dieu espouventable naguère arrivée auprès de la ville d'Anduse. 1618. — Effroyables merveilles veues près la ville d'Authun. 1582. — Hist. arrivées à deux bourgeois de la ville de Charleville. 1637. — Comment les habitans de La Rochelle sont tourmentez et meurdris de serpens. — Signes apparus dans la ville de Nancy. 1652. — Discours d'un insigné voleur pendu à Bayonne. 1608. — Discours d'un usurier mangé par les rats à Charret. 1606. — Discours sur l'apparition de trois soleils sur la ville de Marseille. 1635. — Histoire de ce qui s'est passé entre les François et Portugais en l'île de Maragnan. 1615. — Exécution d'un Capitaine dans la ville de Lyon. 1626. — Cruauté de massacre arrivé en la ville du Mans. 1610. — Histoire véritable arrivée en la ville de Soliers en Provence. 1619.

1302. **Noirgouze** (Jacq.). Sensuyvent les annes ‖ saisies ventes faictes ‖ de la cure de ‖ Saint-Honville (ou Joinville) retraictées et renouuellées en l'an mil V^c ‖ et quinze par moy Iacques ‖ Noirgouze, curé dudit lieu. S. l., in-4 de 25 ff., vélin.

Manuscrit sur vélin daté de 1515.

1303. **Robertus** (Ioan.). Historia S. Huberti principis Aquitani primi Leodiensis episc. ejusd. urbis conditoris Ardiennæ apostoli, etc. LUXEMB., *excud. H. Reulandt*, 1621, pet. in-4, v. br. (*Rel. anc.*).

Livre rare imprimé aux frais du *Couvent de Saint-Hubert* dans les *Ardennes*. Le titre a un peu souffert.

1304. **Cousin** (J.), Tournaisien. Histoire de Tournay ou quatre livres des chroniques, annales ou démonstrations du christianisme de l'évêché de Tournay. DOUAY, 1619, 4 tom. en 2 vol. in-4, figures v. br.

Orné de nombreux portraits, les pages 345-46 sont manuscrites. Les coins de la rel. ont été réparés.

1305. **La Marche** (Olivier de). Mémoires. Troisième édition, revue et augm. d'un estat particulier de la maison du Duc Charles Le Hardy. BRUXELLES, 1616, in-4, demi-rel., dos et coins de cuir de Russie.

1306. **Waulde**, natif de Bavay. La vie et miracles de S. Uromer et de sept autres saincts avec la chronique de Lobbes. MONS, *de l'impr. de J. Havard*, 1628, pet. in-4, titre gr. par C. Galle, v. br.

Aux insignes des *Pénitents du Mont-Valérien* sur le dos et les plats.

1307. **Jebb**. De vita et rebus gestis Mariæ Scotorum reginæ quæ scriptis tradidere Authores XVI, ad optimæ fidei codices recens. Sam. Jebb. LONDINI, 1725, 2 vol. in-fol., portr., demi-rel., ébarbé.

Amérique

1308. **Pii II** Pont. Max. Asiæ, Europeæque eleg. descriptio, mira festivit tum vet. tum recent. res memoratu dignas complectens, max. quæ sub Frederico III apud Europeos Christi cum Turcis, Prutenis, Soldano, etc., tum etiam inter sese vario bellorum eventu commiserunt, access. H. Glareani compendiaria Asiæ, Africæ, Europeæque descriptio. PARIS, *ap. C. Chevallonum*, 1534, pet. in-8, marque, v. f.

Rare. Sous le titre : « *De regionibus extra Ptolemæum* », on trouve un passage sur l'*Amérique*.

1309. **Champlain**. Voyages et descouvertes faites en la nouvelle France, depuis l'année 1615 jusques à la fin de l'année 1618, par le Sr de Champlain, Cappitaine ord. pour le Roy en la mer du Ponant, où sont descrites les mœurs, coustumes, habits, façons de guerroyer, chasses, dances, festins, etc., de divers peuples sauvages, et de plusieurs choses remarquables qui luy sont arrivées. A PARIS, *chez Claude Collet*, M.D.C.XIX, (1619), in-8, figures ; préparé pour la reliure.

Rare. Qq. ff. sont plus courts sur le côté. Les 2 grandes planches manquent.

HISTOIRE

1310. Lescarbot. Histoire de la Nouvelle France. Nouvelle édition. PARIS, *Tross*, 1866, 3 vol. in-8, br.

<blockquote>On y a joint : Voyage dans le Nord du Brésil fait durant les années 1613 et 1614, par le P. *Yves d'Evreux* avec notes par F. Denis. 1864, in-8, br. — *Les Navigations françaises* et la révolution maritime du XIVe au XVIe siècle, par P. Margry. 1867, in-8, br. — Taches d'humidité au Lescarbot.</blockquote>

1311. Charlevoix (Le P. de). Histoire et description gén. de la Nouvelle-France, avec le journal hist. d'un voyage fait par ordre du Roi dans l'Amérique Sept. PARIS, 1744, 3 vol. in-4, cartes, veau. (*Le Tome II est un peu atteint d'humidité dans la marge du haut*).

1312. Charlevoix (Le R. P.). Histoire et description générale de la Nouvelle-France (ou Canada) avec le Journal hist. d'un voyage fait par ordre du Roy dans l'Amérique Sept. PARIS, 1744, 6 vol. in-12, fig. et cartes, demi-rel. veau vert.

1313. Charlevoix. Histoire de l'Ile espagnole ou de Saint-Domingue, escrite particul. sur les mémoires manusc. du P. J. B. Le Pers. AMSTERDAM, 1733, 4 vol. in-12, fig. et cartes, veau. (*Rel. anc.*).

1314. Charlevoix (Le R. P.). Histoire de l'Ile espagnole de Saint-Domingue. PARIS, 1730, 2 vol. in-4, vign. et cartes, v. (*Rel. anc.*).

1315. Charlevoix (Le R. P.). Histoire du Paraguay. PARIS, 1756, 3 vol. in-4, cartes et plans, veau marb.

1316. Léry (J. de). Histoire d'un voyage fait en la terre du Brésil, dite Amérique ; cont. la navigation et choses remarquables, veues sur mer par l'autheur, le comportement de Villegagnon en ce païs-là ; les mœurs et façons de vivre estranges des sauvages Brésiliens, etc. ; avec les figures. Augm. par l'autheur. S. l., pour les *Héritiers d'Eust. Vignon*, 1600, pet. in-8, fig., dérel. (*Piqûres de vers*).

<blockquote>Manque la planche de la guerre de Topinambours.</blockquote>

1317. Garcia (G.). Origen de los Indios de el Nuevo Mondo, o Indias occidentales averiguada con discurso de opiniones. MADRID, 1729, in-4, portr. et vign., vélin. (*Rel. anc.*).

1318. Amérique. 14 vol. ou opusc. in-4, in-8 et in-18, rel. et dérel. ou br.

<blockquote>**Las Casas.** Tyrannies et cruautez des Espagnols perpétrées es Indes occidentales. 1682. — **Huber.** Aperçu statist. sur l'Ile de Cuba. 1826. — **La Condamine.** Relation d'un voyage dans l'intérieur de l'Amérique Mérid. 1745. — Mémoires de la vie privée de B. **Franklin**, écrits par lui-même, trad. de l'anglais. 1791. — Histoire morale des Isles Antilles, par de **Rochefort.** 1667. — **Dufey.** Résumé de l'histoire des révolutions de l'Amérique sept. 1832, 2 vol. — Lettres d'un cultivateur Américain (T. I). 1784. — **Robertson.** Histoire de l'Amérique. 1778, 2 vol. — Traité d'amitié et de commerce, conclu entre le Roi et les Etats-Unis de l'Amérique sept., le 6 fév. 1778. — Arrêt du Conseil d'Etat du Roi qui fixe l'époque du payement des lettres de change de l'Inde et de l'Amérique, relatives aux dépenses de la Marine pendant la guerre, du 23 fév. 1783. — Réflexions impartiales sur l'Amérique. 1781. — French Policy defeated, being, an account of all the hostile proceedings of the French in North America. 1755.</blockquote>

IV. Art héraldique. — Noblesse. — Bibliographie. — Ex-libris

1319. Godefroy (Th.). Le cérémonial françois cont. les cérémonies observées en France aux mariages et festins, naissances et baptêmes, majoritez de Roys, etc. PARIS, 1649, 2 vol. in-fol., v. br.

<blockquote>Exemplaire bien conservé sauf qq. petites piqûres de vers dans un des volumes.</blockquote>

1320. Droits du Sceau (Tarif des), tant de 1672, 1674 et 1691, que de l'augmentation de 1704, réunis par une même taxe, y compris les droits des signatures qui seront taxés par une seule et même taxe suivant le nombre des impétrans, à commencer du 4 avril 1704 en exécution de l'édit du mois de mars de la même année ; ensemble les droits de l'honoraire établi. In-8, vél.

Joli manuscrit, calligraphié sur vélin, du commencement du XVIIIe siècle.

1321. **Du Chesne** (Fr.). Histoire des chanceliers et gardes des sceaux de France distingués par les règnes de nos monarques, depuis Clovis jusqu'à Louis XIV ; enrichie de leurs blasons, armes et généalogies. PARIS, 1680, in-fol., fig., nombr. blasons, v. m.

1322. **Hélyot** (Le R. P.). Dictionnaire des ordres religieux, ou histoire des ordres monastiques, religieux et militaires et des congrégations séculières de l'un et de l'autre sexe qui ont été établies jusqu'à présent. Nouv. édition publ. par l'abbé Migne. PARIS, 1847, 4 vol. gr. in-8 (figures 1050), demi-rel. v. fauve.

1323. **Gilbert de Varennes**. Le Roy d'armes ou l'art de bien former, charger, briser, timbrer, parer, expliquer et blasonner les armoiries, etc. PARIS, 1640, in-fol., 1 pl. de blasons, v. brun.

1324. **La Chesnaye-Desbois et Badier**. Dictionnaire de la noblesse cont. les généalogies, l'histoire et la chronologie des familles nobles de la France, l'explication de leurs armes et l'état des grandes terres du royaume, possédées à titre de principautés, duchés, marquisats, etc. Troisième édition refondue. PARIS, 1863-77, 19 tomes en 39 part. in-4, pap. vergé, br.

1325. **Dubuisson**. Armorial des princip. maisons et familles du royaume particulièrement de celles de Paris et de l'Isle-de-France. PARIS, 1757, 2 vol. in-12, nombr. pl., veau. (*Rel. anc.*).

Ouvrage rare, enrichi de près de 4000 armoiries.

1326. **Tablettes historiques**, généalogiques et chronologiques, contenant la succession des Papes, Empereurs, Rois, tant de l'histoire ancienne que moderne des souverains d'Allemagne et d'Italie avec les Doges de Venise, les Grands Maîtres de Malte, etc., des Rois et des Reines de France, etc., etc. (par Chasot de Nantigny). PARIS, 1748-57, 8 tomes en 9 vol. pet. in-12, veau. (*Collection complète*).

On y joint 62 vol. divers du même ouvrage.

1327. **Waroquier de Combles**. Tableau généalogique, historique de la noblesse, enrichi de gravures (blasons), contenant : 1e l'état des vrais marquis, comtes, vicomtes, barons, etc. PARIS, 1786-89, 6 vol. in-12 br. (*Tomes* 1, 2, 3, 4, 5, 8).

On y a joint . 26 vol. divers, brochés et rel. des tomes 1-2-3-4-5-8.

1328. **Malte**. Liste de Messieurs les chevaliers chapelains, conventuels et servant d'armes des trois vénérables langues de Provence, Auvergne et France. A MALTE, *au Palais, et Imprimerie de S. A. S.*, 1772, *par F. Jean Mallia, son Imprimeur*, in-8, demi-rel. bas.

1329. **La Croix du Maine et Du Verdier**. Bibliothèques françoises. Edit. revue et aug. av. les remarques de La Monnoye, Bouhier et de Falconet, publ. par Rigoley de Juvigny. PARIS, 1772-73, 6 vol. in-4, veau marb.

Edition la meilleure et la plus complète.

1330. **Le Long** (Le P.). Bibliothèque historique contenant le catalogue des ouvrages imprimés et manuscrits qui traitent de l'histoire de ce royaume ou y ayant rapport. Edition revue et augmentée. PARIS, 1768-78, 5 vol. in-fol., v. marbr.

1331. Histoire littéraire de la France, par des religieux bénédictins de la Congrég. de St-Maur (D. Rivet, D. Taillandier et D. Clémencet) contin. par une Commission prise dans le sein de l'Institut (Pastoret, Brial, Ginguené, Daunou, Emeric, David, etc.). PARIS, 1865-75, 16 vol. in-4, (dont 1 de table par Rivain), br.

1332. Reliures armoriées. Histoire de Mlle Crônel, dite Frétillon, actrice de la Comédie de Rouen. LA HAYE, 1740, 2 part. en 1 vol. in-12, veau. (*Aux Armes de la Comtesse de Verrue*). — **Dubreton.** Le Prince d'Isocrate ou l'art de bien régner. PARIS, 1642, in-12, veau. (*Armoiries sur les plats*).

Quelques cassures dans le premier ouvrage.

1333. Dutuit (La Collection). Livres et manuscrits. PARIS, *Ed. Rahir*, 1899, in-fol. pl., 4 ff. prél., 328 pp., cart. d'éditeur.

Papier de Hollande, tiré à 350 exemplaires, texte encadré d'un filet rouge, 33 planches en couleurs sur *Papier du Japon*, 9 pl. en noir, 70 figures dans le texte.

1334. Ex-Libris français et étrangers, anciens et modernes, environ 1000 pièces dont A. de Salvaing, de Boissieu, Lorphelin de Clermont, Bourquet, de Fleurieu, etc., etc. Plusieurs en nombre. Ex-libris, étiquettes, environ 300 pièces dans un carton.

1335. Sainte-Marthe (Scévole). Eloges des hommes illustres qui depuis un siècle ont fleury en France dans la profession des lettres. Trad. du latin, par Colletet. PARIS, 1644, in-4, vél.

1336. Nicéron. Mémoires pour servir à l'histoire des hommes illustres dans la République des Lettres, avec un Catalogue raisonné de leurs ouvrages. PARIS, *Briasson libraire, rue St-Jacques, à la Science*, 1729-45, 44 tomes en 43 vol. in-12, v. fauve, filets, dos ornés. (*Simier, relieur du Roi*).

1337. Jovii (Pauli). Elogia virorum bellica virtute illustrium. BASILEAE, 1575, in-fol., nombr. portraits gravés sur bois ent. de bordures d'après Tobias Stimmer, bas. (*Rel. anc.*).

1338. Delarue. Isographie des hommes célèbres ou collection de fac-similes de lettres autographes et de signatures, publ. par Delarue. PARIS, 1843, 4 vol. in-4, 850 fac-similes, demi-rel. veau.

1339. Renouard (Ant.-August.). Annales de l'imprimerie des Estienne ou histoire de la famille des Estienne et de ses éditions. PARIS, *imprimerie Renouard*, 1843, in-8, demi-rel. chag. bl.

Exemplaire auquel on a joint quelques notes sur des fiches volantes. On y a relié en outre les pièces suivantes : **Renouard** (Ant. August.). Notes sur Laurent Coster à l'occasion d'un volume imprimé dans les Pays-Bas. PARIS, *imprimerie Renouard*, 1838, 16 pages. — **Feugère** (Léon). Etude sur Henri Estienne. PARIS, *imprimerie Jules Delalain*, in-12 de 86 pages, s. d. — **Didot** (Ambroise-Firmin). Les Estienne (Henri I, François I et II, Robert I, II et III, Henri II, Paul et Antoine). Extrait de la nouvelle biographie générale. PARIS, *imprimerie Didot frères*, 1856.

www.ingramcontent.com/pod-product-compliance
Lightning Source LLC
LaVergne TN
LVHW050649090426
835512LV00007B/1109